dtv
premium

Katrin Dorn

Tangogeschichten

Deutscher Taschenbuch Verlag

An dieser Stelle möchte ich mich bei allen deutschen Emigranten
in Buenos Aires bedanken, bei denen ich zu Gast sein durfte.
Insbesondere bei Gerda, Marga, Ellen, Maria, Hans,
Ditti und Susi.
Außerdem danke ich allen *tangueros* und *tangueras*
in Berlin, Hamburg und Buenos Aires, vor allem
Eduardo, Miguel, Bernhard, Rudolf und Antje.
Ohne Euch wäre dieses Buch nicht dieses Buch geworden.
Katrin Dorn

Originalausgabe
Oktober 2002
Deutscher Taschenbuch Verlag GmbH & Co. KG,
München
www.dtv.de
© 2002 Deutscher Taschenbuch Verlag GmbH & Co. KG,
München
Umschlagkonzept: Balk & Brumshagen
Umschlagfoto: © Terry Vine/Corbis/Picture Press Life
Satz: Fotosatz Reinhard Amann, Aichstetten
Gesetzt aus der Sabon 10,5/12,75· (QuarkXPress)
Druck und Bindung: Kösel, Kempten
Gedruckt auf säurefreiem, chlorfrei gebleichtem Papier
Printed in Germany · ISBN 3-423-24308-2

Wir weinen und weinen, bis die Träne,
die den schwersten Teil des Lebens
braucht, um vom Auge herabzufallen,
hervorbricht.
Dann sind wir erwachsen.

Søren Ulrik Thomsen

Tango in Berlin

Seit meine Annonce im ›Stadtmagazin‹ erschienen ist, ruft mich Hartmut jeden Tag an. Er hat ein unglaubliches Talent, immer den unpassendsten Moment zu erwischen. Allerdings weiß ich auch nicht, welcher Moment für einen Anruf von Hartmut passend sein könnte.

»Hallo Hartmut, was gibt's?«

»Sind die Blumen nicht angekommen?«

»Was für Blumen?«

»Fleurop.«

»Nein.«

»O Mann. Wieso muss das immer mir passieren. Bei mir klappt aber auch gar nichts.«

»Kopf hoch, Hartmut. Sie werden schon ankommen. Aber hör mal, wieso schickst du mir Blumen?«

»Freust du dich nicht darüber?«

»Doch, natürlich freue ich mich.«

»Wieso? Ich denke, sie sind nicht gekommen.«

»Nein, aber wenn sie da sind, werde ich mich freuen.«

»Na gut. Dann geh ich jetzt mal zu diesem Blumenladen und frag nach, warum sie es nicht auf die Reihe kriegen.«

»Ja, tu das, Hartmut.«

Ich eile zum Fenster zurück. Zu spät. Mein Nachbar und seine Tanzpartnerin sind schon weg. Ich hätte so gern gesehen, wie sie zusammen zum Tanzstudio gehen. Es sieht urkomisch aus.

Mein Nachbar liebt Treppenhausgespräche. Wenn wir uns begegnen, bleibt er jedes Mal freudestrahlend stehen. Ich kann dann nicht anders als ebenfalls stehen zu bleiben. Das Schwierige daran ist nur, dass wir beide die geborenen Zuhörer sind. Die Dialoge, die wir nach qualvollem Schweigen zustande bringen, rufen sich andere Leute im Vorbeigehen zu. Deshalb war ich vor drei Wochen richtig froh, dass ich mal etwas zu erzählen hatte.

Am Abend vorher war ich im Ballhaus Rixdorf gewesen. Eigentlich wollte ich zu einer Theateraufführung arbeitsloser Schauspieler. Aber ich hatte mich in der Etage geirrt. Als ich die Saaltür öffnete, hatte ich anstelle eines Zuschauerraums einen Tanzsaal vor mir. Die Leute bewegten sich paarweise übers Parkett: die Frauen in altmodischen knielangen Röcken, die Männer, selbst die jüngsten, trugen Anzüge, manche sogar Fräcke. Sie kamen mir vor wie junge Tiger auf Glatteis, so wie sie sich aneinander festhielten und mit tastenden, rutschenden Schritten voranzukommen versuchten. Dass es sich um einen Tangoball handelte, erkannte ich an der Musik. Schon die ersten Takte verwandelten mein Herz in ein Sahnebonbon. Den Theaterbesuch vergaß ich völlig. Ich setzte mich an einen der Tische und schaute den Paaren zu. In ihrer Kleidung erinnerten sie mich an das Hochzeitsfoto meiner Großeltern. Und meine Großeltern hatte ich immer sehr gern gehabt. Das Sahnebonbon in meiner Brust wölbte sich vor Verlangen, an diesem heimlichen Schleichen auf dem Parkett teilzunehmen. Doch als mich ein Mann aufforderte, deutete ich bedauernd auf meine Jeans und er wich diskret zurück. Auf dem Tisch lagen, bunt aufgefächert, die Flugblätter der Tangoschulen. Berlin ist voll von ihnen. »In diesem Moment«, so beendete ich meine Erzählung, »habe ich begriffen, dass ich einen Tanzpartner brauche.«

Mein Nachbar betrachtete mich mit glasigem Blick, als hätte er beim Zuhören Fieber bekommen. Mit einer Leidenschaft, die ich ihm nie zugetraut hätte, eröffnete er mir, dass auch er eine Partnerin haben wolle. Wir beschlossen, am nächsten Tag gemeinsam zum ›Stadtmagazin‹ zu gehen, um unsere Anzeigen aufzugeben. Seine haben sie richtig gedruckt:

Lust auf stilvolle Nähe? Dann lern Tango tanzen, und zwar mit mir. Junger Mann, 39, 1,70 m sucht Partnerin für Anfängerkurs.

Bei mir haben sie gepatzt:

Wer macht mit mir den ersten Schritt? Frau, 36, jünger aussehend, 1,90 m sucht Partner für Tango-Einsteigerkurs.

Ich bin einssechzig!

Tagelang hat das Telefon Sturm geläutet. Tangobesessene Hünen, die seit Jahren auf der Suche nach einer Partnerin waren, standen Schlange in meiner Leitung.

Anfangs begrüßte ich jeden so freudig, dass ich umgehend sein ganzes Vertrauen erworben hatte. Telefonische Offenbarungen wildfremder Männer füllten meine Abende aus. Wie oft hatte ich das Gefühl, am Beginn einer großen Freundschaft zu stehen, die durch einen Größenunterschied von einem halben Meter nicht mehr zu gefährden war! Doch immer wenn ich mit der Wahrheit über meine Körpergröße herausrückte, und das musste ich ja irgendwann, war die Sache erledigt. Am Ende meldete ich mich nur noch mit: »Hallo, ich bin einssechzig«, und schon war ich den Anrufer los.

Hartmut war der Einzige, der nach dem Augenblick der Wahrheit in der Leitung blieb. Er ist zweimeterzehn und erklärte mir schon im zweiten Satz, dass er sehr darunter leide. Während seiner Pubertät seien ihm die Sachen nur so aus den Händen gefallen, und auch wenn er gelernt hätte, nun alles festzuhalten, habe diese Erfahrung sein ganzes Leben geprägt. Den Irrtum des ›Stadtmagazins‹ nahm er besonders tragisch. Er meinte, so etwas könne nur ihm passieren. Dass er einer von etwa dreißig Anrufern war, denen es genauso ging, tröstete ihn nicht. Das mache es nur noch schlimmer, meinte er und fragte, ob ich ihn jetzt trotzdem kennen lernen möchte, damit nicht alles umsonst gewesen sei. Ich hätte verneinen müssen. Aber in solchen Situationen fehlt es mir an Kaltblütigkeit.

Mein Nachbar hatte mehr Glück. Seit zwei Wochen besucht er mit seiner Partnerin einen Tangokurs. Dabei hat er O-Beine. Das kommt von den vielen Reitstunden, die er als Kind nehmen musste. Als Therapie gegen seine Schüchternheit, wie er mir einmal mit hochrotem Kopf gestand. Seit einiger Zeit trägt er diese Rapperhosen, in denen man herumläuft wie in ausgehöhlten Elefantenbeinen. Aber man sieht sofort, dass sie nicht sein Stil sind. Anstatt den Hosenbund auf die Hüftknochen rutschen zu lassen, schnallt er sich den Gürtel über dem Bauchnabel fest. Das gibt eine komische Falte über seinem mageren Hintern und außerdem glaube ich, dass die Hosen wegen seiner Säbelbeine an völlig falschen Stellen schlackern. Mir ist schleierhaft, wie seine Partnerin zwischen all dem Hosenstoff ihre Schritte koordiniert. Aber offensichtlich hat sie das Problem gelöst oder sie arbeitet noch daran. Jedenfalls stand sie eben schon zum dritten Mal unten auf der Straße, um ihn abzuholen. Sie wohnt in Halensee und die Schule ist gleich bei uns um die Ecke. Wenn sie klingelt, kann ich das durch unsere gemeinsame Wand hören, und durch die Gardinen meines Fensters sehe ich, wie sie auf der Straße steht und ihre Strumpfhosen überprüft. Ich finde, bei ihren knochigen Beinen sollte sie längere Röcke tragen. Aber vielleicht fürchtet sie, den Überblick dann völlig zu verlieren. Heute hat sie ihn mit Küsschen begrüßt, Wange links, Wange rechts. So weit sind sie schon.

»Moin, moin, Klaus aus'm Norden. Geht noch mal um Tango oder hatte ich dich schon an der Strippe? Ach richtig, du warst die mit der tollen Körbchengröße. Oh, jetzt hab ich mich schon wieder schlecht benommen. Na, egal. Einssechzig warst du, nöch. So 'ne kleine Mollige, mit Konfektionsgröße 42 ... Was, nur 36? Na, schlanke Taille is ja nich schlecht. Aber unten ist schon was in der Wäsche, oder? Soll ja schön weich sein, wenn ich mein Bein zwischen deine Schenkel schiebe. Obwohl, bisschen Reibung ist auch nich schlecht, ich krieg ja so gern ...«

Warum lege ich nie sofort auf, wenn dieser Typ dran ist?

Vor kurzem hat das ›Stadtmagazin‹ meine Annonce mit der richtigen Größe gratis abgedruckt. Aber viel genützt hat es nicht. Der Einzige, der außer dem nordischen Klaus angerufen hat, war Gernot. Ich habe mich sofort mit ihm zu einer Schnupperstunde im *Estudio Sudamérica* verabredet.

Gernot ist Hautarzt, einsfünfundsiebzig und kam ganz in Weiß gekleidet. Alle anderen Farben würden ihn nervös machen, erklärte er mir. Besonders Schwarz, wo selbst Blutflecken ins Unsichtbare verschwinden würden. Nach einem Blick auf mein schwarzes Kleid fügte er hinzu, nur bei Weiß wisse man wirklich, woran man sei.

Der Tangokurs war eine Idee seines Psychologen. Gernot solle versuchen, seine außerberuflichen Berührungsängste zu überwinden. Es heißt ja, beim Tango bildet der Mann den Rahmen um die Frau. Je sicherer er sie im Griff hat, umso leichter kann sie ihm folgen und ihre Schritte mit Improvisationen verschönern.

Der Tangolehrer war ein Exilargentinier. Groß, breitschultrig und dunkelblau gekleidet. Unter seinem transparenten Seidenhemd wölbte sich eine wollige Brust. Als er sah, wie Gernot mich am ausgestreckten Arm vorwärts schob, kam er zu Hilfe. Doch kaum hatte er Gernots desinfizierte Hand korrigierend zwischen meine Schulterblätter gedrückt, rutschte sie auch schon wieder zurück an ihre Lieblingsstelle kurz über meinem Hüftknochen. Nach der dritten Korrektur geriet Gernot ins Schwitzen. Er lugte unter seine Achseln, und kaum hatte er die dunklen Flecken auf seinem Hemd bemerkt, schob er mich, als sei er quarantäneverdächtig, noch ein paar Zentimeter weiter von sich weg.

»Man kommt ganz schön ins Schwitzen, nicht wahr?«, sagte ich und zog mich wieder näher an ihn heran.

»Die Transpiration ist nicht mein Problem«, entgegnete Gernot. »Der Lehrer stört mich. Er ist unsympathisch.«

Ich staunte. »Das ist mir gar nicht aufgefallen.«

Kaum hatte ich das gesagt, zog mich der Lehrer aus Gernots Armen. Sein Händedruck schickte Impulse durch meine Wirbelsäule, so zielgerichtet, dass ich mich bis in die Fußspitzen wie von selbst bewegte. Mein verstorbener Vater, der mich als Kleinkind vom Boden hob, um mich durch die Luft zu wirbeln, feierte in meiner Gefühlswelt Auferstehung. Die führende Hand des Lehrers war das Tablett, auf dem er mich mir selbst servierte. In Sekundenschnelle durchlebte mein Körper die längst fälligen Etappen meiner Spätpubertät. Im Schutz seiner Arme ließ der argentinische Hüne meine Schritte im Sturm seiner Leidenschaft flattern, meine Hüften flohen vor seinen, um sich im nächsten Moment wieder an ihn zu schmiegen, meine Taille staunte über ihre Geschmeidigkeit, meine Füße über ihre Gehorsamkeit und meine Schenkel bebten zitternd nach, als er mich wieder zum Stehen brachte und zum Erwachen vor einem griesgrämigen Gernot, der sich genötigt sah, aufzumucken: »Das haben Sie aber eben nicht so gezeigt.«

Er bekam ein gleichgültiges »Da musste richtig hingucken« zurück und schon zog mein argentinischer Tangolehrer mit der nächsten Schülerin davon.

Ingrimmig schob Gernot seine Hand zwei Zentimeter weiter hinter meine Taille und drückte mich in die Richtung, in die er mich haben wollte. Ich stolperte.

»Du musst dich aber auch führen lassen«, herrschte er mich an. Zur Strafe trat mein rechter Fuß seine leinenbeschuhten Zehen.

»Das wird sie immer wieder machen, wenn du sie nicht richtig nimmst. Sie kann nicht anders«, unterrichtete ihn im Vorübertanzen der Lehrer.

Gernot blieb stehen. Ob wir uns, bitteschön, einen anderen Kurs aussuchen könnten. Die Lehrer hier seien unerträglich.

»Ja, natürlich«, erwiderte ich und spürte erleichtert, dass er seine schwitzende Hand von meiner Hüfte nahm.

Ohne das Ende der Schnupperstunde abzuwarten, gingen wir. Bevor wir den Saal verließen, schaute ich noch einmal zurück, dahin, wo sich zwei Schulterblätter unter einem Seidenhemd wölbten, flach wie Muscheln im Atlantik.

Im Treppenhaus zögerte ich keine Sekunde, mich von Gernot zu verabschieden. Zum gedämpften Schluchzen eines Tangos streckte ich ihm meine Hand entgegen. Er betrachtete sie lange ohne einzuschlagen. Stattdessen schlug er sich an die Stirn. Sein letztes Händeschütteln lag Jahre zurück, und erst jetzt war ihm wieder eingefallen, was ich von ihm erwartete. Sekundenschnell flutschten seine Finger in die Höhlung meiner Hand hinein und gleich wieder heraus.

Es hat geklingelt. Vor meiner Wohnungstür steht Hartmut. Durch den Spion kann ich seinen konkav gewölbten Körper bis knapp zu den Schultern erspähen. Er hat schon zum dritten Mal geklingelt, aber ich konnte mich nicht entschließen zu öffnen. Ausgerechnet jetzt, wo ich es doch tue, kommt mein Nachbar mit seiner Partnerin die Treppe herauf. Sie schieben sich an Hartmut vorbei. Ich solle entschuldigen, wenn es ein bisschen lauter werde, sie hätten sich ein Video ausgeliehen, um in seiner Wohnung weiterzuüben.

»Wann fangt ihr denn an?«, fragt er. »In unserem Kurs sind noch Plätze frei. Ich glaube, die machen heute sogar eine Schnupperstunde.«

Wortlos schaut Hartmut die fünfzig Zentimeter bis zu mir herunter.

Mein Nachbar wird rot. Er haspelt eine Entschuldigung und verschwindet mit seiner Partnerin.

Hartmuts Blick fixiert noch immer meinen Scheitel.

»Du hast versprochen, dass du dich freust.«

Erst jetzt entdecke ich die violetten Blumen vor seinem lila karierten Hemd. Ich hole sie herunter.

»Warum schenkst du mir die eigentlich?«

»Ist das deine Art, dich zu freuen?«, fragt er zurück.

Unfähig zu antworten, starre ich in die Samenbettchen der Blüten, als könnten die mir sagen, was Hartmut von mir will.

»Willst du mich nicht hereinbitten?«, fragt er.

Das will ich ganz bestimmt nicht, mein Türrahmen ist höchstens einsneunzig hoch, aber bevor ich ihm das erklären kann, muss ich ans Telefon.

Gernot hat die Suche nach einer neuen Tangoschule immer noch nicht aufgegeben. Bis jetzt waren mir alle zu teuer, zu weit weg oder sie hatten zu lange Anmeldezeiten. Eine Schule in seiner Nähe – er wohnt in Halensee – bietet Tangomerchandising. Er hat mich gefragt, ob ich von dort etwas brauche. Ich dachte, wenn jemand unbedingt ausgenutzt werden will, soll man nicht zögern, und bestellte einen Tangorock. Knielang, glockenförmig, vielleicht mit Blumenmuster. Ich hatte dabei die geheimnisvollen dunklen Röcke im Ballhaus Rixdorf vor Augen. Gestern kam das Paket. Der Rock ähnelt einer Kittelschürze meiner Mutter. Weiß mit rosa Kornblumen. Ich bin ein dunkler Typ. Schwarze Haare, dunkle Augen, dunkler Teint. Sooft Gernot mich gesehen hat, habe ich schwarze Sachen getragen. Wie kommt er darauf, mir diese weiße Abscheulichkeit zu besorgen?

»Wie kommst du darauf, mir diese weiße Abscheulichkeit zu besorgen?«, frage ich ihn am Telefon. »Gab es keinen anderen?«

»Doch, noch einen schwarzen mit grauen Blumen, der sah aber ganz deprimierend aus.«

»Kannst du den Rock bitte umtauschen?«, frage ich beherrscht.

»Nein, das Geschäft hat gestern zugemacht.«

»Du hättest mich anrufen können! Ich habe für solche Fälle ein Funktelefon.«

»Ich finde Funktelefone unhöflich.«

Hartmut steckt seinen Oberkörper durch meinen Türrahmen und sein Blick klagt meine Gastfreundschaft ein. Ich winke ihn herein, während ich am Schweigen in der Leitung merke, dass auch Gernot sich ungerecht behandelt fühlt.

»Ich bin dir nicht böse«, lüge ich, dass mein Herz sich krümmt. »Ich hätte die Sache selbst in die Hand nehmen sollen. Das Geld bekommst du natürlich.«

Aus der Nachbarwohnung erklingt ein Tango vom Videoband und lässt meine Gedanken an vergeudete hundert Mark zu quälendem Verlustschmerz anschwellen. Mein krummes Herz verhärtet sich und wird spröde wie ein Pfefferminzbonbon. Aus meiner Küche höre ich es scheppern.

»Gernot, ich ruf dich später zurück«, behaupte ich und lege auf.

In der Küche schiebt Hartmut seinen Arm in meinen Geschirrschrank und auf dem Herd tuckert mein Wasserkessel eifrig vor sich hin.

»Was machst du da?«, frage ich. Anstelle einer Antwort stürzt meine Lieblingstasse in die Tiefe.

»Oh, tut mir Leid«, sagt Hartmut schleppend und lässt sich auf einen Küchenstuhl fallen. »Warum kann bei mir nicht ein einziges Mal etwas klappen, nicht einmal Kaffee kochen kann ich.«

»Ich will keinen Kaffee«, sage ich und kehre die Scherben zusammen.

»Du kannst auch was anderes trinken«, sagt Hartmut.

»Ach ja? Gestattest du mir das?«

»Was ist das für ein Tonfall? Ich bin schon deprimiert genug. Da kann ich so was nicht gebrauchen«, klärt Hartmut mich auf.

Als ahne mein Nachbar, wie mir zumute ist, dreht er die Lautstärke auf, und der langsamste Tango, den ich je gehört habe, dringt durch die Wand. Ich lasse meine Frühstückstasse, die mir seit Jahren jeden Morgen zur Seite stand, Scherbe um Scherbe in den Eimer klirren. Hinter mir flüstert Hartmut verhaltene Schicksalsklagen. Aber ich weigere mich, ihn zu trösten. Ich gehe ans Telefon.

»Hier ist noch mal Gernot. Ich wollte dir sagen, dass ich endlich die richtige Tangoschule für uns gefunden habe. In Kreuzberg. Gleich bei dir um die Ecke. In einer Stunde ist Schnupperkurs. Können wir uns da treffen?«

»Nein.«

»Aber es kostet fast nichts.«

»Ich kann jetzt nicht.«

»Langsam habe ich das Gefühl, du willst gar nicht Tango tanzen lernen.«

Nebenan werden Möbel zur Seite gerückt.

»O doch, und wie«, sage ich.

»Kann es vielleicht sein, dass du nicht mit *mir* tanzen willst?«

»Du hast ganz schön lang gebraucht, um das zu begreifen«, sage ich und lege auf, denn jetzt kommt mir Hartmut entgegen. Ein Tablett voller Geschirr schwebt vor seiner Brust.

»Kaffee ist fertig«, ruft er, als hätten wir unseren zehnten Hochzeitstag.

»Ich wollte keinen Kaffee«, erinnere ich ihn.

Bestürzt lässt er das Tablett aus seinen Händen gleiten.

Nebenan quetscht und dehnt sich das Bandoneon, Luft rein, Luft raus, ein hyperventilierender Blasebalg, der mein Herz mit Lust füllt, sich in tausend Stücke zu versprengen.

»Und-Schritt-und-Schritt«, skandiert der Videolehrer durch die Wand. Ich öffne die Tür zum Treppenhaus, damit Hartmut ihn besser hören kann.

Ein Tango wie Marschmusik und Hartmut muss raus, ob er will oder nicht.

»Und eins-und-zwei-und-drei-und-vier«, feuere ich seine Beine an, er nimmt die Stufen im Takt, bei jedem Absatz dreht er sich um.

»So intolerant wie du war noch keine! Was bildest du dir eigentlich ein?«

»Was bildest du dir eigentlich ein?« schreit Gernot durch das Telefon. »Meinst du, du hast dich besser angestellt? Du hättest mal sehen sollen, wie du an diesem Lehrer gehangen hast, wie ein Nachthemd am Kleiderbügel, das sah völlig lächerlich aus.«

Ich knalle den Hörer auf die Gabel, doch der schrillt Protest.

»Ich will überhaupt keinen Tango tanzen, ich habe die Nase voll«, schreie ich in die Leitung.

»Na, das is doch prima«, sagt Klaus aus dem Norden. »Da können wir ja gleich zur Sache kommen.«

Im Takt des Nachbartanzes schließe ich die Tür, ziehe das Telefonkabel aus der Wand und schalte die Klingel, die Sturm läutet, ab.

Ich knie auf dem Boden nieder und angele die Scherben aus dem Kaffee. Nebenan weinen Geigen in höchsten Kadenzen. Mein Herz schrumpft zusammen wie eine vertrocknete Feige und hüllt sich in blaue Seide ein.

Heute habe ich meinen Nachbarn auf der Treppe getroffen. Seine Partnerin hat ihn sitzen lassen. Angeblich hat sie Rückenprobleme, weil seine Hand zu fest zwischen ihren Schulterblättern saß. Und sie habe auch keine Lust mehr, sich ständig neue Strumpfhosen zu kaufen, um sie an den Nieten seiner Hosen aufzureißen.

»Aber darüber kann man doch reden«, sagte ich.

Er wurde rot. »Ich glaube, die Wahrheit ist, dass sie nicht mit mir tanzen will.«

»Das glaube ich nicht«, habe ich behauptet und fügte hinzu: »Diese Frau wird nie wieder einen Partner finden, der sie so gut hält, wie du es getan hast.«

Heute Abend gehen wir zusammen ins Steakhouse. Mein Nachbar ist der Einzige, mit dem ich darüber reden kann, dass es einfach nicht möglich ist, in Berlin Tango zu tanzen.

Eine Tänzerin, die niemand kennt

Es war Frühling, als Sabeth den Tango entdeckte. An jenem Abend hatte sie eine schwangere Kollegin im Friedrichstadtpalast vertreten. Da noch weitere Vorstellungen folgten, ließ sie ihr Cello im Orchestergraben stehen, um in der ersten milden Nacht des Jahres unbeschwert nach Hause zu schlendern. Sie überquerte die Friedrichstraße, wo junge Paare Hand in Hand im Großstadtlicht flanierten, und bog in eine Seitengasse ein. Es war Dienstag und das Haus in der Kalkscheunstraße hatte sich wie immer in einen Ort lateinamerikanischer Vorstadtnostalgie verwandelt. Durch die rot schimmernden Fenster drang ein Tango in die Nacht. Sabeth trat ein.

An einem Stehtisch verkaufte ein Mädchen Eintrittskarten. Sie trug ein ärmelloses, hochgeschlossenes Kleid mit einem Pelzbesatz am Hals. Ihre Hände, mit denen sie das Geld entgegennahm und Sabeth die Karte reichte, hatte sie in weinrote Handschuhe gehüllt, deren Schäfte bis zu den Ellenbogen reichten. Sie lächelte, als würden sie sich schon sehr lange kennen. Sabeth bahnte sich einen Weg durch das Gedränge und setzte sich auf einen freien Stuhl am Rande der Tanzfläche.

Die Paare dort bewegten sich so konzentriert, als würden sie mit ihren Füßen eine Geheimschrift auf den Boden zeichnen. Es wurde gerade ein ziemlich alter Tango gespielt. Sein Komponist hatte das Schluchzen der Geigen noch streng in die Schranken des Vierviertaltaktes verbannt. Jedes Mal wenn eine Phrase endete, erwartete Sabeth mit Spannung die nächste. Bei der Kadenz musste sie lachen. Es klang, als sollten die Tänzer, die einmal in Fahrt gekommen waren, mit musikalischer Gewalt zum Stehen gebracht werden. Manchen gelang das jedoch nicht, so dass sie am Ende in den seltsamsten Posen wackelten.

Schon beim nächsten Titel klopfte Sabeth den Takt auf den Tisch und ihr rechter Fuß begann, kleine Kreise in die Luft zu zeichnen. Bei oberflächlicher Betrachtung sah es aus, als würden alle Tänzer etwas völlig anderes tanzen, aber irgendein System musste es ja geben. Nach einer Weile betrat ein Paar die Piste, das gerade die erste Kursstunde hinter sich hatte und mit großer Sorgfalt den Grundschritt ausführte. Da ahnte Sabeth, wie sich alle Figuren auf diese acht Schritte zurückführen ließen. Bald konnte sie die Bewegungen der Tanzschuhe auf dem Parkett so einfach lesen, als wären es Noten auf Papier. Es war, als entstünde eine Partitur in ihrem Kopf, und Sabeth hatte große Lust, mit dem Spiel zu beginnen. »Dschong-Dschong« tönte der Schlussakkord aus den Boxen.

Sie hatte genug zugeschaut. Auf dem kürzesten Wege ging sie nach Hause, räumte ihre Sessel zur Seite und begann die Schritte zu wiederholen. Natürlich merkte sie bald, dass die einsamen Drehungen auf ihrem Holzfußboden noch nicht viel mit Tango zu tun hatten. Sie musste an ihrer Haltung arbeiten. Im Salon hatte sie Frauen gesehen, die ihr Becken von dem des Mannes wegdrückten oder die einen Buckel machten, um ihren großen Busen zu verbergen. Das sah nicht gut aus, und erschwerte den Männern offensichtlich die Führung. Am schönsten wirkten die

Frauen, die ihren Arm wie einen Fuchspelz um den Hals des Mannes legten und ihm dabei so abweisend über die Schulter sahen, als wären sie eigentlich unberührbar. Und während sie sich an den Mann lehnten, hielten sie ihren Oberkörper derart gerade, als wären sie die Königin von England.

Davon, dass man sich in so stolzer Haltung an einen Mann schmiegen konnte, hatte Sabeth bisher nichts gewusst. Doch bevor es so weit kam, wollte sie es ein wenig üben. Schließlich gibt man ja nicht so ohne weiteres sein Gewicht ab, dachte sie, legte ihre Hände an die Wand, neigte ihren gestreckten Oberkörper ein wenig vor und übte auf diese Weise Vorwärts- und Rückwärts-*ochos*. Später tanzte sie auch ein paar Moulinetten und *cadenas* um den Lehnsessel ihres verstorbenen Vaters herum. In der folgenden Woche setzte sie ihr Training täglich fort.

Am Dienstagabend wartete sie, bis alle Kolleginnen die Garderobe verlassen hatten. Dann schnitt sie ihr altes Konzertkleid auf Knielänge, trennte die Seitennähte zu Schlitzen auf und säumte deren Ränder. Das dauerte keine zwanzig Minuten. Das Kleid ergänzte sie mit Seidenstrümpfen, Ohrringen, Arm- und Halsketten. Von einer jungen Ankleiderin hatte sie sich ein Paar Tanzschuhe aus dem Fundus heraussuchen lassen.

Mit den Schuhen in der Hand verließ sie den Varietépalast, ging um das Gebäude herum und betrat das Haus in der Kalkscheunstraße. Die sorgfältige Vorbereitung hatte sich gelohnt. Sabeth sah aus wie alle anderen Frauen. Wieder suchte sie sich einen Stuhl am Rande der Tanzfläche, zog dort ihre Tanzschuhe an und sah den Paaren zu, die sich vor ihr drehten. Sie entdeckte die *boleos,* mit denen manche Frauen ihre Schritte verzierten, und versuchte, sich diesen Trick zu merken. Es war Zeit, sich einen Mann auszusuchen, fand sie, sah sich um und dem nächsten, den sie allein an einem Tisch sitzen sah, in die Augen. Der drehte sich weg.

Gerd hätte gern mit der Frau getanzt, deren Strasskette so aufregend über der Falte zwischen ihren Brüsten funkelte. Aber seit seiner Kindheit überfiel ihn manchmal eine Art situative Erstarrung. Zum ersten Mal war sie aufgetreten, als seine Mutter eines Tages zu ihm sagte: »Willst du dem Papa denn nicht beim Rasenmähen helfen?« Gerd, der sich kurz zuvor die Schuhe angezogen hatte, um seinem Vater beim Rasenmähen zu helfen, blieb wie gefesselt auf dem Sofa sitzen. Später brauchte seine Mutter ihn nur auf eine bestimmte Art anzusehen, und schon fiel er in Apathie.

Zum Glück war wenigstens beim Tango klar, bei wem die Initiative lag, und es war bedauerlich, wenn die Frauen sie nicht bei den Männern ließen. Bedauerlich für die Frauen, dachte Gerd und forderte seine Kurspartnerin auf. Die wusste wenigstens, was er meinte, wenn er eine bestimmte Figur führen wollte.

So genau Sabeth alles beobachtete, sie bekam nicht heraus, warum ein Mann sich von seinem Platz erhob, um auf eine Frau zuzugehen. Selten war es umgekehrt. Dennoch wurde jede Frau irgendwann einmal aufgefordert. Außer Sabeth. Es gab sogar Frauen, die sich miteinander unterhielten, und plötzlich tippte ihnen ein Mann auf die Schulter. Vielleicht liebten die Männer es, eine Frau bei etwas Wichtigem zu stören, weil sie sich dann wie Eroberer fühlen konnten, grübelte Sabeth. Aber sie konnte doch nicht eine wildfremde Frau ansprechen und sie bitten, sich so lange mit ihr zu unterhalten, bis ihr ein Mann auf die Schulter tippte. Oder sollte sie sich eine Beschäftigung suchen? Sie könnte sich zum Beispiel die Nägel lackieren. Aber was, wenn der Trick gelänge, und ein Mann käme, bevor der Lack getrocknet war? Nach dem Tanz würde sein Hemd aussehen, als hätte sie ihm den Rücken blutig gekratzt. Sie bedauerte sehr, dass sie nicht rauchte. Eine Frau hatte einen Mann um Feuer gebeten und kurz darauf sah sie die beiden auf der Tanzfläche wieder. Vielleicht war es nicht gut, ihre Blicke so umherschweifen zu lassen, dachte Sabeth und begann, die rote Kerze auf ihrem Tisch zu fixieren, deren Flamme im Windzug flackerte.

Hans blieb am Eingang stehen, um den Saal zu überblicken. Obwohl die Frau im Vergleich zum letzten Dienstag sehr verändert wirkte, erkannte er sie gleich wieder. Das kurze Kleid stand ihr gut, den großen Ausschnitt konnte sie sich leisten, auch wenn sie nicht mehr die Jüngste war. Ihrer Haltung nach zu urteilen, würde er sie ja für eine professionelle Tänzerin halten. Aber da konnte man sich täuschen. Zumindest war es nicht ratsam, mit einer Frau, die man nicht kannte, als Erstes eine Milonga zu tanzen. Aber gerade wurde eine gespielt. Und außerdem schien die Frau in einen wichtigen Gedanken vertieft zu sein. Es lag ja noch die ganze Nacht vor ihnen, dachte Hans, und bemerkte, dass ihm jemand zuwinkte.

Sabeth schaute auf. Der schnelle Rhythmus gefiel ihr.
    »Mensch, Hans, wir haben uns ja schon ewig nicht mehr gesehen«, rief eine Frau und legte ihren Arm um einen Mann, den Sabeth außerordentlich sympathisch fand. Wahrscheinlich kennen die sich hier alle und ich bin die Einzige, die so verrückt ist, sich allein hierher zu setzen,

dachte sie und blickte wieder zur Kerze. Die Flamme hatte an einer Seite den Rand zerstört. Das Wachs floss herab und tropfte über den Rand des Kerzenhalters auf den Tisch.

Jetzt reiß dich zusammen. Du würdest auch nicht mit einem depressiven Mann tanzen wollen, wies Sabeth sich in Gedanken zurecht, obwohl ihr klar war, dass das nicht stimmte. Sie hätte mit jedem getanzt. Aber sie sah ein, dass eine unbekannte Frau ein Risiko war. Die Männer mussten mit Achsel- oder Mundgeruch rechnen, mit schlechter Haltung oder schlechter Laune. Sie musste etwas Positives ausstrahlen, sagte sie sich, hob den Kopf und lächelte tapfer ins Leere.

Würdest du bitte mit ihr tanzen, sagte Martin zu sich. Du siehst doch, wie sie die ganze Zeit darauf wartet.

Da Martin leidenschaftlich gern zuschaute, hatte er sich angewöhnt, sich selbst aufzufordern, damit er sich endlich erhob, um auf eine Frau zuzugehen.

Wen meinst du denn?, setzte er diesmal sein Selbstgespräch fort.

Jetzt tu nicht so, antwortete sein zweites Ich. Du hast sie schon die ganze Zeit beobachtet. Zugegeben, sie ist nicht mehr die Jüngste, aber wenigstens ist sie keine Zicke, dafür hast du einen Blick. Also – kein Korb zu befürchten.

Aber ich habe sie noch nie hier gesehen. Vielleicht tanzt sie perfekt oder noch gar nicht.

In beiden Fällen kannst du nur dazulernen. Schau mal. Du brauchst nicht mal rübergehen. Sie wird dir entgegenkommen. Siehst du, sie lächelt dich an, also los.

Lass erst mal hören, was für Musik kommt.

Pugliese.

Ach, das ist viel zu schwer. Danach können nur Tanzlehrer tanzen.

Als hätte er Martins Gedanken gehört, erschien sein Kursleiter Uli mit seiner Partnerin und die gewagten Schrittwechsel des Paares ließen nicht nur Martin vor Bewunderung ermatten.

Bei deiner Faulheit wirst du es niemals so weit bringen, knurrte sein zerknirschtes Selbst.

Und wenn schon, ich bin ja auch hier, um mich zu entspannen, schloss Martin das Selbstgespräch ab und steckte sich eine Zigarette an.

Immer schneller rann das Kerzenwachs auf den Tisch und Sabeths Sehnsucht nach der Tanzfläche wuchs ins Unerträgliche. Wohin war sie bloß geraten? Sie war ein heiterer Mensch. Sie war gekommen, um zu tanzen. Stattdessen starrte sie nun schon eine geschlagene Stunde auf eine Kerze, die ihr Wachs auf dem Tisch verbreitete, bis der Docht hinabgezogen wurde und nun ein letztes Flämmchen in der zitternden heißen Pfütze verglomm.

Sabeth zog ihre Stiefel unter dem Tisch hervor, schlüpfte wieder hinein und ging zum Ausgang. Das Mädchen mit den weinroten Handschuhen schloss gerade die Kasse.

»Und, hat's dir gefallen?«, fragte sie.

»Nein«, antwortete Sabeth und lachte. »Ich glaube, Tango ist mir einfach zu traurig.«

Auf der Straße drehte sie ein paar Mal ihre Hüften, die ganz steif geworden waren, und schlenderte über das holprige Pflaster davon.

Kurz darauf trat die Kassiererin vor die Tür, um sich von der verrauchten Luft zu erholen. Am Ende der Straße sah sie noch einen Moment lang die unbekannte Frau, der ein Paar zierliche Tanzschuhe von der Hand baumelten, bevor sie im Dunkel verschwand.

Maritas Andenken

Der blaue Seidenschal war das Erste, was Marita an dem Mann bemerkt hatte. Und sie dachte, dass ein Mann, der einen solchen Schal trug, ruhig ein bisschen besser aussehen könnte. Trotzdem wusste sie schon in diesem Moment, dass sie mit ihm schlafen würde. Seide ist nicht aufzuhalten. Einmal gelöst, zieht es sie nach unten, gleitet sie über jede Kante, ohne hängen zu bleiben, bis sie sich auf dem Boden in neue weiche Formen legt. Marita sähe jetzt gern den sanften Faltenwurf, der sich unter ihrem Bett gebildet hat. Sie hat den Mann in ihr Schlafzimmer geführt, noch bevor er beginnen konnte, den Hakencode ihres BHs zu entschlüsseln. So konnten sie den Übergang zwischen dem Ausziehen im Stehen und dem Ins-Bett-Sinken halbwegs elegant gestalten. Manchmal macht man ja an dieser Stelle ganz unglückliche Figuren. Zum Beispiel, wenn der Mann, bereits erregt, die Unterhose noch in der Hand, der nackten Frau durch den Flur hinterherläuft, mit aufgerichtetem Glied durch die Schlafzimmertür schreitet, ein Eroberer in Wollsocken. Marita hat aus ihren Erfahrungen gelernt. Im Wohnzimmer nahm sie sich gerade genug Zeit, um den CD-Player einzuschalten. Susana Rinaldi sang: ›Solamente Maria‹, als Marita im Schlafzimmer das Hemd des Mannes öffnete, ihn von seiner Fremdheit in ihrer

Wohnung befreite, ihn anheimelte, bis er sich fühlte wie ein umsorgter Nackedei.

Aber nun versucht er, ihren mütterlichen Gesten zu entkommen, dringt immer mutiger in die Landschaften ihres Körpers vor. Marita wünscht ihm Erfolg. Sie hofft, er würde ihre Mitte erreichen, den innersten Punkt ihres Bauches, von dem, einmal berührt, die heiß geliebten Ströme durch den Körper fluten würden, bis an den Hinterkopf, bis zu jenem Moment, wo sich alles in Leidenschaft auflöst und Marita keinen anderen Wunsch hat als den, den Rest ihres Lebens bei diesem einen Mann zu bleiben.

Der Mann, der jetzt vor ihr kniet und ihren Hintern auf seinen Schoß legt, heißt Heiko. Manchmal heißen sie eben so. Heiko, Holger, Hartmut oder auch Heino.

Früher, als Marita noch in Diskotheken tanzen ging, kam sie noch viel öfter mit einem von ihnen zurück. Meist genügte ein einziger Blick, und schon hatte sie das Gefühl einer latenten Verwandtschaft mit einem völlig fremden Mann. Im Discolärm stellten sie sich einander gegenüber, traten rhythmisch auf der Stelle und ließen ihre Hüften in einsamen Kurven kreisen, bis nach Stunden die Musik aufhörte und sie sich zum ersten Mal berührten. Dann fanden sie bald den Weg zu Maritas Bett, wo sich letzte Irrtümer aufklärten. Aber meist war es zu spät, um festzustellen, dass der Körpergeruch des Mannes einfach nicht zu ihrem passte. Oder dass Marita aus irgendwelchen Gründen nicht aufhören konnte zu reden. Einer war mal so weit gegangen, ihr den Mund zuzuhalten, so lange, bis er wieder neben ihr lag. Bei dem wusste sie schon, als er noch in ihr war, dass er am nächsten Morgen für immer verschwinden würde. Natürlich gab es auch welche, die wiederkamen. Mit denen war sie dann »zusammen«, wie man so sagt. Einer, er hieß Harald, zog sogar in Maritas Viertel, damit der Weg nicht mehr so weit war. Er kam selbst dann noch zu ihr, als er schon zu einer anderen Frau ging, um mit ihr zu schlafen. Bis die andere Frau von Harald schwanger wurde und das Kind austrug. Bei Marita hatte er auf Abtreibung bestanden. Der Bruch mit Harald war das Schlimmste, was Marita je passiert ist, doch selbst damals ließ sie kein Mitleid gelten. Jede Liebesgeschichte habe ihre eigene Zeit, erklärt sie ihren Freunden. Sie könne nichts dafür, wenn sie immer nur die Shortstorys erwische. Maritas Freunde verstehen das gut. Die meisten waren zuerst mit ihr zusammen, bevor sie ihre Freunde wurden. Mit manchen telefoniert sie noch heute fast täglich.

Obwohl sie es nie so gewollt hat, wohnt Marita seit neuneinhalb Jahren allein. Neben dem Wohn- und dem Schlafzimmer gibt es ein drittes, in dem sich nichts weiter befindet als ihre Andenken. Das älteste Exponat ihrer Sammlung stammt aus der Zeit kurz nach ihrem Einzug.

Der Erste, der sie in ihr neues Zuhause begleitete, hieß Hjalmar. Vielleicht aber auch Hogard. Voller Stolz auf ihre erste eigene Wohnung bot Marita ihm an, in das dritte Zimmer einzuziehen. Anstelle einer Antwort hatte er gelächelt. Als er ging, vergaß er seine Uhr. Marita nahm das als deutliches Zeichen dafür, dass er sich bereits zu Hause gefühlt hatte, und kaufte beim nächsten Einkauf schon mal für zwei Personen ein. Aber Hjalmar ließ auf sich warten, und Marita wurde sich immer unsicherer, ob er nicht doch Hogard geheißen hatte. Dennoch, an den Abenden ging sie nicht mehr aus, träumte stattdessen von ihrer Hochzeit, von einer Familie mit Kindern und großen Geburtstagsfeiern, von all dem, was Männer und Frauen um sie herum erlebten und ihr ganz offensichtlich genauso bevorstand. Sie dachte, dass Hjalmar, der vielleicht Hogard hieß, eben ein bisschen länger brauchte, um sich entscheiden zu können. Eines Abends blieb seine Uhr stehen. An diesem Abend ging Marita in eine Disco. Als sie das Lied spielten, nach dem sie zum ersten Mal mit Hjalmar getanzt hatte, musste sie weinen. Da kam ein Mann, der Hogard hieß und sie aufforderte. Hogard war der Erste, der sie über den Verlust von Hjalmar hinwegtröstete. Die Geschichte mit ihm war schon am nächsten Morgen zu Ende.

Inzwischen kann Marita fast immer vorausahnen, wie lange es dauern wird, bis der neue Mann nicht mehr wiederkommt. Aber egal wie lange es dauert und ob sich eine Freundschaft anschließt oder nicht, eins steht für Marita fest: Sie hat jeden ihrer Männer geliebt. Und immer war es anders schön. Aber immer ging es auf dieselbe Weise zu Ende.

Irgendwann sagte jeder Mann: »Ich weiß gar nicht, ob ich in dich verliebt bin.« Oder, wenn sie länger zusammen waren: »Ich weiß nicht, ob ich dich überhaupt noch liebe.« Marita hat nie interessiert, ob die Männer einfach nur ein bisschen plaudern wollten oder gerade von ihrem Therapeuten kamen oder wirklich die Nase voll von ihr hatten. Sie schickte alle weg, auch wenn einer noch bleiben wollte.

Dabei erwartet sie gar nicht, dass ein Mann, der mit ihr schläft, ununterbrochen verliebt in sie ist. Was ist das schon? Ein Gefühl, das sich in einem Menschen breit machen kann, um in einer zufälligen Sekunde plötzlich ins Nichts zu verschwinden. Es ist nicht sehr angenehm, wenn es plötzlich weg ist, aber es kann ja wiederkommen. Es ist jedenfalls nichts, worüber man reden muss, findet Marita, obwohl sie weiß, dass es fast jeder Mann irgendwann muss. Dass sie daraus nie Konsequenzen gezogen hat, ist eine Frage, über die ihre Freunde gern und oft ins Philosophieren kommen.

Die Andenkensammlung ist etwas, wovon Maritas Freunde nichts wissen. Seit Hjalmars Uhr hat sie alles aufgehoben. Leere Feuerzeuge, zerdrückte Zigarettenschachteln, alles beschriftet sie mit Namen und Datum und räumt es in das dritte Zimmer. Vor drei Jahren hat sie ein Regal angeschafft und ihre Kleinodien alphabetisch geordnet. Kulis, Brillenetuis, Zahnseide, Einwegrasierer liegen in gebührendem Abstand nebeneinander. Sie liebt den Winter, überhaupt alle Arten von Schlechtwettertagen, die ihr Mützen, Handschuhe, Pullover und Regenschirme bescheren. Dabei schätzt sie einen Schal von Armani ebenso wie eine Unterhose von Calvin Klein. Es ist unglaublich, was Männer alles vergessen können. Selbst so nützliche Dinge wie CD-ROM-Laufwerke oder Gewindeschneider verträumen die Zeit in Maritas Regal. Niemals benutzt sie etwas davon. Würde der Mann in ihrer Wohnung wohnen, würde sie sich schließlich auch nicht an seinen Sachen vergreifen. Aber natürlich gibt sie auch nichts zurück. Jedes Mal wenn ein Mann sie später nach dem Vergessenen fragt, sagt sie schulterzuckend: »Das hast du bestimmt bei einer anderen verloren.« Das ist die einzige Rache, die sie sich erlaubt.

Sie hätte früher damit beginnen sollen, Tango zu tanzen. Seitdem kommen weniger, dafür aber wertvollere Stücke hinzu. Ihre schönsten Trophäen sind eine verschließbare Malachit-Aschdose, eine Tigerkralle zum Aufrauen der Schuhsohlen, ein haftklebender Schnauzbart aus Bärenfellhaar und ein bordeauxroter Viskoseslip von Bruno Banani. Da sein Träger Günther hieß und der des mausgrauen Klein-Modells Gunter, liegen beide Slips gewaschen und in Folie verpackt nebeneinander wie Symbole alter und neuer Zeiten.

Niemand hat Zutritt zu Maritas drittem Zimmer. Es sei

denn, ein Mann würde bei ihr einziehen wollen. Dann würde sie den ganzen Plunder natürlich sofort wegwerfen. Obwohl sie sich schon überlegt hat, vorher alles zu fotografieren. Die schönsten Dinge könnte sie auch behalten und sagen, die habe sie geerbt. Und den Banani-Slip könnte sie ihrem künftigen Mann zum Geburtstag schenken.

Manchmal vergehen Monate, ohne dass Marita dieses Zimmer betritt. Und wenn wieder ein Mann gegangen ist, kann es vorkommen, dass sie die Tür nur kurz öffnet, um eine neue Sache hineinzuwerfen.

Zwei, höchstens drei Mal im Jahr gibt es Abende, an denen sie weder Tango tanzen noch ins Kino geht noch sich mit einem ihrer Freunde trifft. Abende, an denen sie den Fernseher ausgeschaltet lässt und die Telefonschnur aus der Dose zieht, an denen sie nichts weiter tut, als Tango-CDs zu hören und Wein zu trinken, bis der Rausch alle Dinge so schön erscheinen lässt, wie sie in Wirklichkeit sind. Gegen Mitternacht beginnt sie dann, sich zu schminken und anzukleiden, als wolle sie noch einmal ausgehen. Doch stattdessen nimmt sie sich Putzlappen und Wassereimer, stellt den CD-Player auf »repeat« und geht in das dritte Zimmer.

Von einer halb leeren Streichholzschachtel strömen ihr ganze Sommermonate des Glücks entgegen, ein silbernes Feuerzeug entzündet noch einmal das erotische Knistern einer Nacht, die nie zu enden schien. Mit einem vergilbten Zuckertütchen kehrt eine unerwartete Zärtlichkeit an einem Wintertag zurück. Getrocknete Rosenblätter erinnern sie an das Glück, von dem sie als junge Frau noch geträumt hat. Der Einzige, von dem sie nicht mal einen Hemdknopf aufgehoben hat, ist Harald.

Manche Dinge rufen ihr den Körpergeruch des Besitzers zurück, und sie muss an die Art denken, wie er sie im Bett genommen hat. Manchmal tritt sie vor dem Regal zurück, um die vielen Gegenstände mit einem Blick zu erfassen. Dann rieseln ihr leise Schauer den Rücken herab.

»Eigentlich wollte ich gar nicht mit euch schlafen. Ich hab den ganzen Sex bloß in Kauf genommen, damit ihr mich in die Arme nehmt«, hat sie vor kurzem zu einem ihrer Freunde gesagt.

Beim Tango ist alles so einfach geworden. Mit einem Tangotänzer verbindet sie oft nichts anderes als die Umarmung. Außerdem weiß sie über alles Weitere jetzt viel früher Bescheid. Zum Beispiel, wie sein Schweiß riecht beziehungsweise mit welchem Parfüm er sich tarnt, wie entschieden seine Hände zugreifen und ob sein Rhythmus für sie nachvollziehbar ist. Katastrophen im Bett werden vorhersehbar, und so nimmt sie nur noch selten einen Mann mit nach Hause.

Als sie anfing, in die Ballsäle zu gehen, musste sie allerdings lange warten, bis sie aufgefordert wurde. Ein Freund sagte ihr, sie dürfe die Männer nicht wie eine ausgehungerte Wölfin anschauen. Daraufhin hat sie eine Gedankenchoreografie einstudiert. Immer wenn sie jetzt einen Mann sieht, der ihr sympathisch ist, zwingt sie sich zu denken: »Mein Gott, wie satt ich bin.« Seitdem kommen sie öfter. Und manchmal ist einer dabei, der auch nach der fünften Runde noch nicht »vielen Dank« sagt und sie an ihren Platz zurückbringt. Dann hat sich aus ihren Körpergerüchen bereits eine akzeptable Symbiose gebildet, und die traurigen Gesänge von der Abwesenheit eines anderen erinnern sie an das, was sie gerade in ihren Armen halten. Während ihre Beine immer kühnere Schritte wagen, überwinden ihre Oberkörper die letzte Scheu, schmiegen sich eng aneinander, und wenn der letzte Tango verklungen ist, kommt Marita stets allen Verlegenheiten zuvor. Ihre Wohnung sei ganz in der Nähe, sagt sie, und da *tangueros* höflich sein müssen, können sie nicht anders, als Marita nach Hause zu begleiten. So ist es auch Heiko ergangen. Dabei hatte er den ganzen Abend darauf geachtet, dass sein blaues Tuch nicht verrutschte. Nur seine Schritte verloren ein ganz klein wenig an Korrektheit.

Aber sobald die Klamotten fallen, ist sowieso alles anders. Heiko stürmt dem Gipfel seiner Erregungskurve zu, während er mit beiden Händen Maritas Oberkörper hält, so wie er sie den ganzen Abend hielt, nur dass er jetzt nicht ihre Beine, sondern ihre Hüften tanzen lässt. Schon fühlt sich ihr Schoß wie eine Knospe an, zum Platzen prall, gleich wird sie sich öffnen und bis in ihre Zehenspitzen blühen und bis in die weiße Linie ihres Scheitels. Marita öffnet die Augen. Das hätte sie nicht tun sollen. In Heikos Stirnfurchen zittert der Schweiß, und jetzt, da sich ihre Blicke treffen, beginnt er zu brüllen, unendlich weit von ihr entfernt. Er zieht sie an sich, damit sie nicht fällt. Seine Brust ist klatschnass, und nun stöhnt er, als hätte er gerade eine Folter überstanden. Maritas Kinn liegt auf seiner Schulter. Sie streichelt ihm übers Haar und denkt: »Armes, einsames Männertier.«

Vorsichtig legt er sie ins Laken, streckt sich neben ihr aus. Doch die Stirnfalten bleiben. Marita ist klar, was jetzt auf sie zukommt. Warum bleibt er nicht einfach still? Er würde auf den Boden des Schlafes sinken wie sein blaues Tuch auf ihren Teppich.

Mit belegter Stimme beginnt er: »Du, Marita.«

»Mhm.«

»Ich weiß eigentlich gar nicht, ob ich in dich verliebt bin.«

Manchmal schmeißt sie die Typen ja gleich raus. Aber jetzt ist sie einfach zu müde.

»Du bist es nicht«, sagt sie. »Und morgen verschwindest du vor dem Frühstück, okay?«

»Es war vor allem der Tango, weißt du«, stottert er.

Sein schlechtes Gewissen macht ihn völlig verspannt. So kann sie nicht einschlafen.

»Es war ein schöner Tango mit dir«, sagt sie.

»Ja, mit dir auch«, flüstert er und nimmt ihre Hand.

Sie denkt an das Tuch unterm Bett und fragt sich, woran es sie erinnern wird, wenn sie es eines Nachts durch ihre Finger gleiten lässt. Wahrscheinlich einfach nur an blaue Seide.

Glücklich

Bevor ich losfuhr, tanzte keine meiner allein stehenden Freundinnen Tango. Ich selbst beherrschte nur den Grundschritt. Aus Mangel an männlichen Partnern hatte ich ihn mithilfe einer Ballettstange erlernt. Trotzdem schwärmte ich vom Tango, seit ich zum ersten Mal gesehen hatte, wie Frauen ihr Ohr hauchzart an den Kopf eines Mannes legten, um parallel zu seinem Schritt den Tanzboden zu erkunden. Es sah aus, als träumte das Paar mit seinen Füßen den alten Traum vom gemeinsamen Durchs-Leben-Gehen.

Ich beschloss, nach Buenos Aires zu fahren. Während des Fluges schrumpfte die Welt auf die Dauer eines längeren Halbschlafs zusammen. Ich kam an, es war kurz vor Weihnachten, die Sonne strahlte wie ein Heizstab, den man vergessen hatte abzuschalten, und im Bus, der mich ins Zentrum brachte, hießen alle Kinder »mi amor« und »corazón«.

Nachdem ich meinen Rucksack bei einem Chatroom-Partner abgestellt hatte, zog ich in die Stadt. Doch kein Streichorchester, sondern pausenloser Verkehrslärm durchdrang mein Gehör. Das Einzige, was mich an Tango erinnerte, war, dass ich nicht aufhören konnte zu gehen.

Hätte sich nicht zufällig vor meinen Augen eine weiße

Tür ohne Hausnummer geöffnet, um ein Paar und mit ihm einen Fetzen Musik hinauszulassen, wäre ich wohl nie in die verborgenen Gefilde des Tangos von Buenos Aires gelangt. Meiner Sucht nach Geigenschluchzern folgend, schlüpfte ich durch die Tür, eilte schwebenden Herzens eine Treppe hinauf und stand dem Lang ersehnten gegenüber: die heile Welt der zwanziger Jahre, wo Männer und Frauen, Anbetung und Hingabe, Führen und Folgen, Treue und Flirt noch zueinander gehören und dieser nostalgische Film noch läuft, ohne dass sich die Schaupieler ständig ihre Rollen streitig machen. Flugs nahm mich ein betagter Herr in seine Arme und bis zum Morgengrauen stolperte ich unter der Führung alter Männer dahin, genoss ihren Reichtum an Väterlichkeit und wähnte mich glücklich. Über Handzettel und Flugblätter sind die Tanzsäle alle miteinander verlinkt. So tanzte ich jede Nacht an einem anderen Ort über Holz und Stein, mich immer öfter daran erinnernd, dass das jetzt das Glück war, bis ich auf einen wirklichen Tanzpartner traf. Wir tanzten, ohne zu tanzen, wir tanzten auch dann noch, als wir uns setzten, um zu reden. Wir blieben zusammen, bis wir den Saal verlassen mussten, und trennten uns in aller Höflichkeit. Erst als ich am nächsten Morgen erwachte, fiel mir ein, dass ich ja überhaupt kein Spanisch konnte und er noch viel weniger Deutsch. Wo fand ich ihn wieder? Ich vermutete ihn im Saal hinter der weißen Tür. Als ich am nächsten Abend dort eintrat, sah ich nichts als schwitzende alte Männer, die sich auf neue Touristinnen stürzten. Die Tischtücher waren voller Flecken und durch das Dröhnen der Ventilatoren konnte ich nur mühsam einen Tango erahnen. Aber mein Partner von gestern war da, und als er mich »corazón« nannte, schmolz die Freudlosigkeit meiner Kindheit für immer dahin.

Für den Rest meines Urlaubs zog ich zu ihm, und seit meiner Rückkehr reden wir in unserem eigenen Chatroom miteinander, in einer Sprache, die weder Spanisch noch Deutsch ist und die wir wohl nur verstehen, weil wir im Geiste nicht aufhören, unser Ohr hauchzart an den Kopf des anderen zu legen.

Heute zum Beispiel sagte er mir, das Glück sei ein Bild aus unserer Vergangenheit oder Zukunft, das wir im Kopfkissen versteckt haben. Ich antwortete ihm, dass ich glaube, jeder Anblick könne so ein Glücksbild sein, wir müssten ihn nur im richtigen Moment erwischen.

Meine geliebten Freundinnen haben keine Zeit mehr für mich. Sie nehmen Tangounterricht. Ich bleibe zu Hause, drücke meine Augen ins Kissen und schaue ihnen erfreut bei ihren ersten Schritten zu.

Maries Messer

Am Morgen hatte sie ihn auf dem Flughafen abgeholt. Im Apartment hatten sie einen Kaffee zusammen getrunken, dann legte er sich schlafen. Marie wollte sich zu ihm legen, doch Thomas wehrte ab. Nach dem langen Flug sei er noch nicht so weit, ihre Nähe auszuhalten. Er müsse erst wieder eins mit seiner Seele werden. Sie war fortgegangen. Auf der Straße schlugen ihr die Hitze und der Verkehrslärm der Avenida Santa Fé entgegen. Vor vier Wochen war Marie zum zweiten Mal nach Buenos Aires geflogen, um für eine neue Reportage zu recherchieren. Sie hatte Archive besucht, Interviews geführt, aber jetzt, wo Thomas da war, sollte der Urlaub beginnen. Es war der 24. Dezember und in der »Straße des heiligen Glaubens« bot man für zwei Dollar die letzten Plastikweihnachtsmänner an. Aus den Lautsprechern dudelte ›Jingle bells‹. Inmitten all der Leute, die letzte Besorgungen für den Abend erledigten, bekam Marie Lust, Thomas etwas zu kaufen. Er würde ihr sicher nichts schenken. Seine Ankunft war Geschenk genug. Als Marie das Jagdgeschäft entdeckte, wusste sie, womit sie ihn überraschen könnte. Das Erste, was er ihr erzählt hatte, war das Malheur mit seinem Taschenmesser gewesen. Normalerweise trug er es immer bei sich. Ausgerechnet vor seinem ersten

Transatlantikflug hatte er es in Berlin auf dem Küchentisch liegen lassen. Er dürfe gar nicht daran denken, wie er sich letzte Nacht mit dem Plastikmesser der Fluglinie an dem Rumpsteak abgequält hätte. Marie betrat das Geschäft. Es war eisig kalt. Die Klimaanlage musste auf höchste Stufe gestellt sein. Der junge Verkäufer trug Bermudas mit einem verwaschenen Palmenaufdruck. Seine nackten Beine spiegelten sich in der Vitrine, wo die Taschenmesser lagen, aufgefächert und sortiert nach der Anzahl ihrer Einzelteile. Eines davon kostete genau 38 Dollar. So alt war Thomas im November geworden. Der Junge zeigte Marie die einzelnen Werkzeuge des Modells. Sie entsprachen der Auswahl von Thomas' Messer. Bis hin zu Flaschenöffner, Korkenzieher, Nagelschere. Aber jetzt, sagte der Junge, käme etwas Besonderes. Er drückte auf einen silbergrauen Knopf an der Seite. Ein Stilett schnellte heraus. Ein Mini-Stilett, aber immerhin fünf Zentimeter scharfer Stahl, sagte der Junge und lachte über Maries Schreck. Natürlich sei es nicht ernst zu nehmen und außerdem sei die Zeit der Duelle vorbei.

Und die beiden Offiziere, die kürzlich aufeinander geschossen hätten?

»Militärs«, der Junge winkte ab. »Die zählen nicht. Aber sieh mal, wegen des albernen Stiletts will kein Mensch dieses Messer kaufen. Dabei ist es fast geschenkt. Es hat mal hundert Dollar gekostet.« Sie solle nur selbst schauen, an den anderen Messern mit vergleichbarem Preis sei fast nichts dran. Thomas muss das Stilett ja nicht benutzen, dachte Marie. Sie bezahlte, ließ das rote Messer in ihre schwarze Samttasche gleiten und verließ das Geschäft. Die Sonne stand grell im Zenit. Thomas würde noch lange schlafen.

Neben dem Jagdgeschäft war ein *locutorio*. Rund um

die Uhr hatten sie auf und verführten Marie zu tun, was sie eigentlich nicht mehr tun wollte. Kaum war sie eingetreten, rief ihr die Angestellte zu: »Die Sieben«. Marie setzte sich in die Kabine. In der Spiegelwand sah sie sich selbst zu, wie sie die Nummer in die Tasten tippte.

Schon nach dem ersten Klingeln nahm Ángel ab, eine Sekunde verging, dann rief er: »Marie!«

»Aber ich hab doch noch gar nichts gesagt.«

»Eben daran erkenne ich dich. Du musst auch nichts sagen. Es genügt ja, dass du mich anrufst.«

Sie wandte die Augen vom Spiegel ab. Ihr Blick fiel auf ihren Rocksaum, wo eine Naht aufgegangen war.

»Ist er schon da?«, fragte Ángel.

»Ja, er schläft.«

»Natürlich, er muss sich ausruhen. Er ist um die halbe Welt gereist.«

»Ja, er ist ganz erschöpft, der Ärmste.«

»Er – der Ärmste? Was sagst du da, Marie? Ich würde zehnmal um die Erde fliegen, um eine Nacht in deinem Bett zu verbringen.«

Ein einziger Flug hätte genügt, dachte sie. Vorsichtig zog sie am Faden des Saumes, er schien sich nicht weiter aufzudröseln.

»Und jetzt?«, fragte Ángel. »Bist du glücklich?«

»Ja«, sagte sie.

»Das ist mir das Wichtigste. Dich glücklich zu wissen. Und mich machst du auch glücklich, weil du mich nicht vergisst.«

»Ich muss auflegen«, sagte sie leise.

»Ja, natürlich«, rief Ángel. »Und du weißt ja, montags und freitags bin ich im ›Gricel‹. Das weißt du doch?«

»Ja, ich weiß es.«

»Gut. Ich küsse dich.«

»Ich küsse dich auch.«

»Sag es noch mal«, bettelte er.

Sie legte auf.

Wieder stand sie auf der Straße. Die Leute liefen mit vollen Einkaufsbeuteln an ihr vorüber. Alles passierte schnell in dieser Stadt. Kaum saß man an einem Tisch, kam ein Kellner; kaum dass die Busse hielten, fuhren sie weiter; es war üblich, sich schnell zu etwas zu entschließen, warum zum Beispiel nicht diesen Bus nehmen und auf einen Sprung zu Ángel fahren. Er saß bestimmt noch am Telefon und dachte an sie, während Thomas schlafend auf die Ankunft seiner Seele wartete. Thomas war ja in Wirklichkeit noch gar nicht da.

Der Bus hielt. Marie stieg ein. Nur dieses eine Mal noch und dann nie wieder, sagte sie sich, und ihr war, als wüssten alle Fahrgäste um sie herum, dass sie sich das jedes Mal gesagt hatte.

»Ich wusste, dass du kommst«, sagte Ángel.

Er zog die Haustür des *conventillo* zu und schloss sie in seine Arme. Es war seine Umarmung, in die sie sich verliebt hatte, bei ihrem ersten Tango, den sie vor einem Jahr miteinander getanzt hatten. Als der große Argentinier sie aufforderte, hatte sie zuerst gezögert. Aber es war kein Problem, dass sie viel kleiner war. Im Gegenteil. Mit seinen Armen öffnete er einen Raum, in dem ihre Schritte und Drehungen so viel Platz hatten, dass Marie sie immer größer werden ließ. Nach dem dritten Tanz zog der Argentinier sie an sich. Plötzlich hatte sie das Gefühl, ein Kind zu sein; aber nicht eins, das sie jemals gewesen war, sondern eins, von dem sie sich schon als Kind gewünscht hatte, es sein zu können. Es war, als habe sie etwas gefunden, wonach zu suchen sie sich nie getraut hatte. Als die Milonga zu Ende war, gingen sie zu ihm, in sein kleines altes Haus im Palermo-Viertel. Mit jedem Kleidungsstück, das er von ihr streifte, verlangte ihr Körper stärker nach ihm. Als sie nackt war, sah er sie lange an. »Was für eine Frau«, sagte er.

Zwei Wochen später brachte er sie zum Flughafen. Sie hatte gehofft, er würde sie festhalten, während man ihren Namen ausrief, so lange, bis es zu spät war, an Bord zu gehen. Stattdessen hatte er ihr einen kleinen Stoß gegeben, damit sie losging, und zugeschaut, wie der Zollbeamte ihren Pass kontrollierte. Am Ende des Ganges sah sie sich noch einmal um. Aber Ángel war schon fort.

Ein paar Wochen später hatte sie Thomas bei einem Tango-Workshop kennen gelernt und die Erinnerungen an Ángel kamen ihr immer exotischer vor. Eine unvorstellbare Geschichte, die sich nur in Buenos Aires abspielen konnte und die nicht fortzusetzen war mit E-Mails, in denen man sich von den gegensätzlichen Jahreszeiten schrieb.

Der Kontakt war längst versiegt, als Marie zum zweiten Mal nach Argentinien ging. Schon bei der ersten Milonga, die Marie besuchte, sahen sie sich wieder. »Es gibt keine Zufälle«, sagte Ángel. »Nur logische Folgen.« Er lud sie zum Essen ein. Sie sagte, sie werde nicht mehr mit ihm schlafen. Er lächelte. »Das werden wir ja sehen.«

Sie trafen sich immer wieder. Jedes Mal gelang es Marie, rechtzeitig vorher zu gehen, aber sie konnte auch nicht aufhören, immer wiederzukommen.

Sie löste sich aus seiner Umarmung. »Ich komme nur, um mich zu verabschieden.«

»Natürlich, Marie, mein Bonbon. Aber heute ist Weihnachten, und du bist mein schönstes Geschenk. Darf ich es auspacken?«

»¡No, Señor! Aber du kannst mir gern was zu trinken anbieten.«

43

Ángel trank nie Weißwein. Aber für sie stand noch immer eine Flasche kalt. Als er die Flasche öffnen wollte, rief sie: »Lass uns tanzen.«

»Natürlich, Marie. Natürlich tanzen wir.«

Ángel legte eine CD mit alten Aufnahmen auf und blieb vor der Stereoanlage stehen. Marie musste auf ihn zugehen, das wenigstens sollte sie selbst tun. Nach den klaren Rhythmen von Tanturis Orquesta Típica begannen sie zu tanzen. In Ángels Umarmung richtete sich Maries Körper auf und ihre Schritte wurden fest. Heute würde sie sich frei tanzen, dachte sie. Diese Tangos sollten der Abschied für immer sein, sie machte ihre Schritte noch größer als sonst. Ángel drehte sie, hob im Schwung ihre Beine vom Boden und trug sie zum Bett. Seine Hände eroberten ihre Haut, er überschüttete seine Berührungen mit Worten, sie sei die einzige Frau, die ihm jemals etwas bedeutet hätte. Ihr halb entblößter Körper streckte sich aus, in seiner uralten Sehnsucht nach der Wahrheit solcher Schwüre.

»Marie?« Es war, als hätte Thomas sie gerufen. Sie setzte sich auf. Sie zündeten sich Zigaretten an. Die Asche knisterte. Ángel sagte, Marie solle jetzt entweder mit ihm schlafen oder gehen. Sie stand auf und zog ihr Hemd wieder an.

»Aber warum? Warum können wir nicht ein einziges Mal so glücklich sein wie im letzten Jahr?«, fragte er.

»Weil wir in diesem Jahr leben.«

Ángel stand auf, legte seine Arme um ihre Schultern.

»Ist ja schon gut, ich will nicht mehr, was ich nicht bekommen kann.«

Wie sehr sie sich nach dieser Umarmung sehnen würde.

»Warum Tränen, Marie? Dann schlaf mit mir, wir würden glücklich sein.«

»Verdammt noch mal, nein.«

Sie stieß ihn von sich. Ángel schloss auf. Kaum war Marie auf der Straße, zog er die Tür wieder zu.

Marie umklammerte den Messergriff in ihrer Tasche. Jetzt bloß nicht die Finger lösen, den Arm heben und auf den Klingelknopf drücken. Sie ging den ersten Schritt, den zweiten, bis zur Haltestelle waren es nur wenige Meter, und zum Glück kam der Bus gleich. Erst als sie auf der abgeschabten Lederbank saß, löste ihre Hand sich vom Messer und legte sich ruhig auf den schwarzen Samt ihrer Tasche.

Thomas lächelte, als sie sich zu ihm legte, und ließ ihre Berührungen zu. Sie schmiegte sich an seinen Rücken, umschloss ihn. Von seinem Nabel aus ließ sie ihre Hand nach unten wandern. Er griff nach ihren Fingern und hielt sie fest. Dann drehte er sich zu ihr um und schaute ihr in die Augen. Sie musste Geduld haben. Aber ihre Beine wollten nicht stillhalten, sie zog die Knie an. Thomas hob die Brauen: »Alles in Ordnung?«

»Ja, klar.« Ihr fiel das Messer ein. »Schau mal, ich hab was für dich, zu Weihnachten.«

Sie holte es aus der Tasche und legte es auf das Bett. Rot glänzte es auf dem weißen Leinen. Sie hätte es nicht dorthin legen dürfen. Es war eine unzulässige, gedankenlose und, was das Schlimmste war, unwiderrufliche Geste.

Thomas nahm es und zog die Einzelteile hervor. Das Stilett schnellte heraus. Sie zuckten beide zusammen. »Das werde ich wohl etwas seltener brauchen«, sagte Thomas und versuchte zu lachen. Sie versuchte es auch.

»Danke, Marie«, sagte er. »Es ist ein sehr schönes Geschenk.«

Dann kramte er in seinem Koffer und holte fünf Päckchen Zigarettentabak hervor. »Du hast doch erzählt, dass es den hier nicht gibt. Meinst du, die reichen für uns beide?«

»Ich glaub schon. Es ist toll, dass du daran gedacht hast.« Marie umarmte ihn. Thomas wich einen kurzen Moment zurück, bevor er ihre Umarmung erwiderte.

In der Nacht gingen sie aus. Thomas aß sein erstes Steak, blutig, wie er es liebte.

Um Mitternacht wünschten ihnen die Tischnachbarn alles Gute zu Weihnachten, viel Glück und gesunde Kinder.

Als das Feuerwerk vorbei war, begann an einem der Tische eine Diskussion, die bald das gesamte Restaurant ergriffen hatte. Natürlich sprach man wie überall in der Stadt über die beiden Offiziere, die auf offener Straße aufeinander geschossen hatten. Der Anlass war eine Frau gewesen, die zuerst die Geliebte des einen und dann des anderen war. Aber nicht der alte, sondern der neue Liebhaber hatte das Duell eröffnet.

»Er war dumm, seinen Vorgänger zu erschießen«, rief ein junger Mann. »Schließlich hat die Frau den anderen verlassen, um mit ihm zusammen zu sein. Da hatte er doch gar keinen Grund zur Eifersucht.«

»Pablito, du verstehst überhaupt nichts. Sobald eine Frau etwas hat, will sie das, was sie nicht hat. Der Mann hatte mehr Ahnung von den Weibern als du.«

»Und, was nützt es ihm? Jetzt, wo er ein Mörder ist, wird sie ihn nicht mehr lieben.«

»Ich sag doch, du hast keine Ahnung. Was denkst du, warum die's immer mit Militärs hatte? Die steht auf Pistolen in der Hose.«

»Da gibt's überhaupt nichts zu lachen«, rief eine Frau. »Denkt mal an die Kinder. Ein Vater ist tot, der andere im Knast. Ich frag mich sowieso, warum die Männer nicht einfach dieses Flittchen abgeknallt haben statt sich zu duellieren.«

»Eh, Dalila, was für schlechte Wellen!«

Thomas lachte. »Worüber regen die sich so auf?«

»Hab ich auch nicht verstanden«, sagte Marie. »Aber wenn wir noch Tango tanzen wollen, müssen wir langsam mal los.«

Auf dem Weg zum »*Paracultural*« umschloss sie Thomas' Hand wie zu einem Gebet.

Der Saal war sehr voll. Ein Orchester spielte *Tango nuevo*. Ángel war nicht da. Thomas und Marie tanzten ihren ersten gemeinsamen Tango in Buenos Aires. Es war mühsam, aber das war es immer, wenn sie sich längere Zeit nicht gesehen hatten.

Am nächsten Tag begannen sie mit dem Privatunterricht bei Enrico und Nancy. Das junge Showtanzpaar empfing sie in der Wohnung von Nancys Mutter.

Sie forderten ihre Schüler auf zu tanzen, während sie selbst auf einem Ledersofa sitzen blieben und dabei aussahen wie zwei Naturforscher, die die Bewegungsformen eines Käfers studierten. Leise tauschten sie Kommentare aus. Als der erste Tango zu Ende war, riefen sie: »Toll, super, wunderbar, tanzt noch einen.«

»Sein Becken«, sagte Enrico. »Er hält es von ihr weg.«

»Ja, das ist es«, stimmte Nancy zu.

Thomas blieb abrupt stehen. »Meinst du wirklich, dieser Unterricht hier bringt etwas?«

»Sie haben ja noch gar nicht angefangen«, versuchte Marie ihn zu beruhigen.

»Eben, wann geht's denn hier mal los?«

Ángel würde niemals so unhöflich werden, dachte Marie.

Nancy stand auf. »Entschuldigt, dass wir so lange gebraucht haben. Wir werden jetzt mit den Korrekturen beginnen.«

Enrico ließ Thomas Übungen machen, von denen Marie nichts mitbekam, da sie sich unter Nancys Anleitung auf die Drehung ihrer Hüften konzentrierte. Die junge Frau nahm ihr Becken zwischen die Hände und rief, während Marie, an der Wand abgestützt, ein *ocho* nach dem anderen tanzte: »*Turn the heep! More, more.*«

Nancy drückte ihre Finger auf Maries Rücken, Schultern und Hinterkopf, Körperteile, die während der Drehungen im Lendenbereich völlig ruhig zu bleiben hatten. Einmal sah Marie zu Thomas hinüber. Er wirkte noch untersetzter, als er ohnehin schon war. Was wollten sie hier überhaupt? Sie würden nie so tanzen können wie diese jungen Athleten.

»Ich glaube, sie ist so weit«, rief Nancy Enrico zu.

»Er auch, glaube ich«, erwiderte der.

Nachdem Thomas und Marie ein paar Schritte getanzt hatten, fragte Nicole, ob sie einen Unterschied spürten.

»Sein Messer drückt auf meine Hüfte«, sagte Marie. Nancy lächelte verwirrt und verstand erst, als Thomas das Taschenmesser aus seiner Hose zog und neben sie auf das Sofa legte. Er fühlte sich leichter an und auch Marie hatte das Gefühl, leichter als vorher zu sein.

Das läge daran, weil sie ihr Gewicht in ihr Becken verlagert hätten, erklärte ihnen Enrico. Das habe ihnen bisher gefehlt. Aber sie sollten sich nichts daraus machen, sagte Nancy, sie habe gehört, das sei ein typischer Fehler von Europäern.

Mit verschränkten Armen standen sie voreinander und lächelten.

Plötzlich fragte Nancy, ob sie schon im ›Gricel‹ gewesen wären.

Bevor Marie antworten konnte, verneinte Thomas.

»Oh, da müsst ihr hingehen«, rief Nancy. »Es ist einer der ältesten Tangosalons der Stadt. Man könnte glauben, in den roten Wänden ist das Blut von all diesen Messerstechereien getrocknet.«

Enrico räusperte sich. »Ihr müsst sie entschuldigen. Sie liest viel zu viele Romane.«

Aber Nancy ließ sich nicht beirren. »Montags ist es besonders schön, weil die meisten anderen Salons geschlossen haben und sich dort alles trifft.«

Es war Montag und Marie hatte keine Ahnung, wie sie Thomas die Sache ausreden sollte.

Im Bus fragte er plötzlich, ob sie den Typen wiedergesehen hätte, mit dem sie letztes Jahr zusammen gewesen sei. Es war klar, dass Thomas diese Frage gerade jetzt einfallen musste. Sie verneinte.

Der alte Kassierer begrüßte Marie wie eine gute Bekannte. Thomas schien daran nichts Seltsames zu finden. Er zahlte den Eintritt, schob den schweren Samtvorhang zur Seite und blieb einen Moment vor dem lang gestreckten Tanzsaal stehen. Die Tanzfläche, die von Säulen begrenzt wurde, war in rotes Licht getaucht. Die Tische an den Seiten verschwanden im Halbdunkel. Sie fanden noch einen freien Tisch im Hintergrund des Saales. Thomas zog seine Tanzschuhe aus dem Rucksack. Er beugte sich vor, um sie anzuziehen. Marie lehnte sich zurück. Ángel sah sie an. Seine Lippen schmiegten sich aneinander. Eine feine Linie zog sich von seinen Augen zu ihren, die Thomas zerriss, als er sich wieder aufrichtete.

Marie drehte sich eine Zigarette. Rauchend sah sie den Tanzpaaren zu. Die Damen, üppig oder mager in ihren altmodisch eleganten Kleidern, hatten das Spiel von Verführung und Abweisung schon viele Jahre gespielt. Sie zelebrierten Rituale, lächelnd, wissend. Die Männer gaben ihnen das Gefühl von Schönheit zurück, während ihre starken Parfüms den Geruch des Alters für ein paar Stunden überdeckten.

Ángel zeichnete Maries Körper mit seinen Blicken nach, so genau, dass ihm nicht einmal die offene Naht am Rocksaum entging. Marie war, als könne sein Begehren zwischen ihre Beine fahren. Sie stand auf und legte sich in Thomas' Arme.

Ángel forderte eine Frau auf. Wie immer begann er mit einem Rückwärtsschritt. Marie schloss die Augen. Ermutigt von der plötzlichen Leichtigkeit ihrer Bewegungen wagte Thomas raschere Drehungen, schnellere Wechsel, zu schnell für diesen Salon, wo es eng war und man auf Eleganz größeren Wert legte als auf Sportlichkeit. Sie hatten jemanden angestoßen, Marie sah auf, natürlich war es Ángel.

Als Thomas um eine Pause bat, bedankte sich Ángel bei seiner Partnerin. Als sie weitertanzten, erschien auch er wieder auf der Tanzfläche. Einmal tanzten sie so nah aneinander vorbei, dass Marie ihre Hand von Thomas' Rücken löste, um Ángel zu berühren. Beim nächsten Takt stolperte Thomas.

Ihm sei, als habe Enrico ihn auseinander genommen, ohne ihn neu zusammenzusetzen, sagte er, als sie wieder an ihrem Tisch saßen.

»Du musst ja auch erst mal hier ankommen«, bemerkte Marie.

»Komisch, dass du das sagst«, antwortete Thomas, stand auf und ging durch den Saal zur Tür mit der geschwungenen Aufschrift *Caballeros*.

Marie lief hinaus auf die Straße. Ángel kam sofort nach.

»Ich wollte nicht hierher, es hat sich so ergeben, ich wollte es vermeiden«, redete sie auf ihn ein.

»Aber es ist doch gut, Marie. Es hat sich ergeben, was sich ergeben musste.«

»Nein, es war dumm, hierher zu kommen.«

»Du bist eine kluge Frau. Und deine Gefühle sind die klügsten der Welt.«

»Geh nach Hause, Ángel. Bitte!«

»Aber hör mal. Dein Herz führt dich zu mir. Ich kann dir nah sein. Auch wenn es mit einer anderen Frau in meinen Armen ist.«

»Ich halt das nicht aus.«

»Du kannst mich um alles bitten, Marie, aber nicht, dass ich derjenige bin, der geht.«

Sie versuchte, sich eine Zigarette zu drehen.

»Du musst wieder hinein, er wird gleich zurück sein«, sagte Ángel.

»Danke, dass du so besorgt um mich bist, Ángelito. Du kannst ja zu Thomas gehen und mich bei ihm entschuldigen.«

»Natürlich kann ich das. Und bei der Gelegenheit kann ich ihm auch gleich sagen, dass du in mich verliebt bist. Ich kann auch den Militär spielen und ihn zum Duell auffordern. Ist es das, was du willst?«

Anstelle einer Antwort warf sie die halb gedrehte Zigarette weg. Der lose Tabak verstreute sich auf der Straße.

Thomas fragte nichts. Es schien ihm nicht einmal aufzufallen, dass sie durch den Ausgang hereinkam und nicht von den Toiletten. Er sagte, dieser Club fasziniere ihn viel mehr als der Salon tags zuvor.

Ángel blieb. Sobald Marie ihn über Thomas' Schulter hinweg anblicken konnte, sah er ihr in die Augen und schmiegte seine Lippen aneinander. Thomas begann, Marie während des Tanzens zu küssen. In den Pausen zwischen zwei Titeln umschloss er ihre Taille mit seinen Armen und ließ sie nicht mehr los.

Als Ángel diese Veränderung bemerkte, hörte er auf zu tanzen und ging an die Bar.

Ein Valse begann und Thomas ließ Marie eine Moulinette nach der anderen drehen. Marie versuchte sich auf die Geradheit ihres Oberkörpers zu konzentrieren, erinnerte sich an Nancys schmale Hände an ihrer Taille, sie drehte ihre Hüften unter Thomas' und Ángels Blicken zugleich.

»Ich kann nicht mehr«, sagte sie, als der Valse zu Ende war.

»Ich wollte sowieso was zu trinken holen.« Thomas ging zur Bar. Ángel stellte sein Bierglas ab. Er saß auf einem Barhocker, sein rechtes Bein hing lässig bis zum Boden herunter. Neben ihm war noch ein Stück an der Theke frei. Als Thomas sich neben ihn stellte, war Ángel noch immer einen Kopf größer. Thomas behielt seine Hand in der Hosentasche, dort wo er das Taschenmesser eingesteckt hatte, weil es auf der anderen Seite störte. Er sprach Ángel an.

Als Ángel sich ihm zuwandte, sagte Thomas noch etwas und fing an zu lachen. Es war dasselbe Lachen, in das sich Marie damals während des Workshops verliebt hatte. Ein Lachen, das jeden Verdacht auf böse Absichten im Ansatz zunichte machte und das jeder mit einem ebenso herzlichen Lachen erwidern musste. Auch Ángel schien nicht anders zu können. Thomas hob seine Hände und versuchte mit ihrer Hilfe irgendetwas zu erklären. Diese Hände mit ihren kurzen breiten Fingern, die Marie noch viel zu wenig berührt hatten, seit er da war. Er wurde vom Barkeeper unterbrochen, der eine Weinflasche über die Theke hielt, auf den Korken zeigte und übertrieben ratlos die Schultern hob. Thomas zog mit ebenso übertriebener Geste das Messer aus seiner Hosentasche. Er deutete auf Marie, und Ángel nickte Marie zu, als hätte er sie noch nie im Leben gesehen. Thomas klappte die Spirale aus dem roten Griff und entkorkte die Flasche. Dann ließ er sich drei Gläser geben und zeigte auf ihren Tisch. Ángel rutschte vom Barhocker und ging hinter ihm her.

»Marie, das ist Ángel. Ángel, das ist Marie«, sagte Thomas, stolz auf seine neue Bekanntschaft.

Als Ángel sie mit den üblichen Küssen auf beide Wangen begrüßte, strömte der Geruch des gestrigen Nachmittags auf Marie ein. Sie sah das Bett in der Mitte des Zimmers und ihr Trägerhemd, das zwischen die Decken gerutscht war.

»Marie kann gut Spanisch«, sagte Thomas. Ángels Lippen formten das Wort *bueno*. Er sah dabei in ihren Ausschnitt, als suche er dort nach dem Abdruck seiner Hände.

Marie entschuldigte sich und ging zur Toilette. Vor der Tür gab ihr eine alte Frau ein Stück zurechtgeschnittenes Papier und schüttelte den Kopf. Das tat sie immer.

Marie zog die Kabinentür zu, raffte den Rock über ihrem nackten Bauch hoch und setzte sich, als könne sie das Gefühl zwischen den Beinen auf diese Art loswerden. Es gab keine Klimaanlage. Zwischen ihren Oberschenkeln floss der Schweiß zusammen. Warum konnte Ángel nicht in diese Kabine kommen? Er wusste doch genau, wie es ihr gerade ging. Sie ließ das Papier ins Becken fallen und hielt sich die Hände an die Ohren, als könne sie so alle Empfindungen zum Verstummen bringen.

Im Vorraum wusch sie sich das Gesicht mit kaltem Wasser, bis eine Frau, die ihre Lidstriche nachzog, sie bat, nicht so herumzuspritzen.

Als Marie zurückkam, lag das Messer auf dem Tisch. Ángel versuchte Thomas etwas zu erklären. »Piazzolla. Nicht tanzen. Hier tanzen, da Leidenschaft. *Distinto* ... Ah, Marie, da bist du ja endlich. Komm, übersetz mal!« Thomas sagte: »Ich hab ihn gefragt, warum sie hier im Salon keinen *Tango nuevo* spielen. Ich glaub, er will mir sagen, dass man nach Piazzolla nicht tanzen kann.« Ángel lehnte sich zurück, so dass er Thomas im Blick behielt, während er Marie anschaute.

»Tango ist ein Tanz, der von dem erzählt, was man nicht hat«, begann er. »Mein Bonbon, du bist so schön heute Nacht. Das übersetzt du jetzt natürlich nicht. Also weiter: Nicht die Leidenschaft selbst, sondern die Zügelung der Leidenschaft ist Tango. Und für die, die nicht einmal jemanden haben, in den sie verliebt sind, ist Tango die Sehnsucht nach der Leidenschaft, nach dem Begehren, ohne das es keine Erfüllung gibt. Bei Piazzolla ist das nicht so. Der macht aus der Leidenschaft selbst Musik. Danach tanzen zu wollen, das ist, als würde man versuchen, im Anzug mit einer Frau zu schlafen. Aber Tango tanzt ein Mann mit einer Frau, damit sie ihm erlaubt, irgendwann den Anzug auszuziehen. Nicht wahr, Marie? Und sag mal, meine Göttin, meinst du, Thomas erlaubt mir, mit dir zu tanzen?«

Beim Übersetzen ließ Marie die Frage am Ende weg. Bevor Thomas antwortete, presste er seinen Mund eine Weile gegen seine Faust.

Aber mit der Erotik im Tango sei doch nicht die wilde Leidenschaft gemeint, sagte er. Erotik sei doch etwas, womit man spielen könne.

Marie drehte sich eine Zigarette, während er sprach. Beim Übersetzen griff sie nach dem Feuerzeug. Plötzlich hatte sie das Messer in der Hand. Sie merkte es erst, als es schon vor der Zigarette schwebte.

Ángel redete auf Thomas ein. »Ich bin überhaupt nicht deiner Meinung. Für mich ist Erotik niemals etwas, womit ich spiele. Aber wenn es für dich nur ein Spiel ist, dann kannst du mich doch mit Marie tanzen lassen.« Er sah Marie an. »Sag ihm das.«

»Was hat das denn mit dir zu tun?« fragte Thomas.

Er würde sie mit Ángel tanzen lassen, das wusste Marie. Er wäre sogar stolz darauf.

Sie schlug die Beine übereinander. Ángel sah sie an. Sie hatte noch immer die Zigarette im Mund. Sie drückte auf den silbergrauen Knopf. Das Stilett machte ein scharfes Geräusch. Am Nebentisch schrie eine Frau auf.

Ángel öffnete die Lippen. Er sah aus, als wäre sein Gesicht mitten in einer Bewegung erstarrt.

Das Messer in der Hand fühlte sich gut an.

»Jetzt weiß ich, warum hier die Männer den Frauen immer Feuer geben. Es scheint sicherer zu sein«, versuchte Thomas zu witzeln. Er gab ihr Feuer, obwohl neben der Zigarette noch immer das Stilett in die Luft ragte. »Ist irgendetwas?«

Marie machte einen tiefen Zug und nahm mit der Linken die Zigarette aus dem Mund.

»*Todo bien*«, sagte sie, schob das Stilett wieder in den Griff zurück und legte das Messer auf den Tisch. »*Finalmente.*«

Ángel stand auf. Marie rauchte weiter. Ángel trank sein Glas im Stehen aus, drehte sich um und ging. Als der rote Samtvorhang über seinen Rücken fiel, wurde es vollkommen still in Maries Körper.

Thomas begann sich eine Zigarette zu drehen. Er tat es mit so großer Sorgfalt, als hinge der Rest des Abends davon ab, wie gleichmäßig ihm diese Zigarette gelang.

Es dauerte noch lange, bis er sagte: »Lass uns tanzen.«

Sie ließen keine Runde mehr aus. Mit jedem Tanz ging es besser. Als sie den Club verließen, lärmten die Vögel schon in den Bäumen. Und der weißblaue Himmel schien noch höher zu sein als sonst.

Adriáns letzter Peso

Seit dem Morgen hatte Adrián Annoncen studiert, Bewerbungen geschrieben, nachgedacht, in einem Buch gelesen, wieder nachgedacht, bis er das alles nicht mehr aushielt und das Haus verlassen musste.

Die Sonne hat mit ihrem abendlichen Schauspiel schon begonnen. Ein goldener Glanz breitet sich über dem Himmel aus und lässt die Kanten der Hochhäuser schärfer wirken. Zwischen den Betonquadern ducken sich letzte *conventillos*. In ihrem zerlöcherten Stuckwerk spielen Licht und Schatten Romantik. Wenigstens das ist kostenlos, denkt Adrián und schüttelt gleich darauf den Kopf, als hätte er eine Fliege von seiner Stirn zu verscheuchen.

In der Cochabamba hängt ein neues Schild an einem steinernen Balkon. »Zu verkaufen.« Die Todesanzeige für das Haus. Wenn es jemand kauft, dann wegen des Grundstücks im Stadtzentrum. Bei dem Preis, den er zahlen muss, kann er sich kein Gebäude mit nur zwei Etagen leisten. Nur der Kern von San Telmo bleibt unberührt. Zumindest so lange, wie das legendäre Tango-Viertel Touristen anzieht. In den Januarnächten bevölkern sie die Straßencafés bis zum frühen Morgen.

Adrián hat die Plaza erreicht. Eine Menge Schaulustiger

57

umringt dort einen alten Typen, der den *tanguero* aus der Vorstadt mimt. Zerbeulte Anzughose, verschossene Weste, die Hutkrempe tief in die Stirn gezogen. Er werde beweisen, dass jede Frau, auch wenn sie noch nie zuvor getanzt hätte, Tango tanzen könne, behauptet er in lausigem Englisch und mustert die anwesenden Frauen, als wolle er eine von ihnen mit dem Lasso einfangen. Seine Wahl fällt auf ein blasses, etwas pummeliges Mädchen, das seinem schroffen Wink zögernd folgt.

Adrián bleibt stehen und schaut über die Schultern der Leute der Vorführung zu. Das Mädchen scheint eine Ausländerin zu sein. Ihre Augen sind im Schatten ihrer Baseballmütze verborgen, ihr Mund hört nicht auf zu kichern, bis der Alte sie mit einem Ruck an sich zieht. Wichtig sei allein, die Frau so festzuhalten, dass sie sich sicher fühle, kommentiert er seinen Übergriff. Die Leute nicken, als wäre er ohne jeden Zweifel eine respektable Person. So sind wir, denkt Adrián. Jedem Besserwisser schenken wir mehr Glauben als uns selbst.

Die Touristen sind ohnehin leicht verführbar. Wenn Adrián sieht, wie sie auf den Märkten noch den allerletzten Ramsch hoffnungsvoll durchsuchen, erinnern sie ihn an die Tauschgeschäfte seiner Kindheit. Er war süchtig danach gewesen, immer etwas Neues zu haben. Einmal hatte ihm ein Onkel ein Modellflugzeug geschenkt, in der Hoffnung, dieses teure Spielzeug würde er gewiss gegen nichts anderes mehr eintauschen. Adrián hatte es tatsächlich länger als sonst behalten, bis ihm jemand ein signalrotes Mercedesmodell dafür bot. Das Auto tauschte er später gegen eine Landkarte, die Land- gegen eine Postkarte von 1901 und die gegen einen Centavo, der noch älter war und den er am Ende irgendwo verlor.

Das Leben eines Touristen stellt er sich so ähnlich vor.

Jede Stunde, die ein Fremder hier ist, muss er in etwas ummünzen, das er bisher noch nicht hatte, in irgendein Schauspiel, das gefilmt, ein Erlebnis, das erzählt, ein Souvenir, das mitgenommen werden kann. Alles, was die weite Reise rechtfertigt, ist ihm lieb. Der Ganove im Vorstadtanzug kennt diese Sucht verdammt gut. Natürlich hat das Mädchen mit der Baseballmütze jetzt das Gefühl, sie würde etwas Aufregendes erleben. Das tut sie ja auch, nur besteht das nicht darin, dass ihr jemand das Tanzen beibringt, sondern dass sie gerade in einer ziemlich peinlichen Situation steckt. Angestrengt lächelnd folgt sie den Befehlen des Alten, der sie mit eifrigem Zureden dazu bringt, ihr linkes Bein nach vorn und wieder nach hinten zu schieben. Und weil währenddessen aus einem alten Kasten irgendein Geleier im Viervierteltakt erklingt, kann sie sich einreden, sie tanze Tango. Dank dieses schönen Glaubens lässt sie sich von dem Alten begrapschen und zum Vergnügen des Publikums vorführen wie ein Dreirad fahrendes Äffchen. Die Zuschauer rufen »Bravo« und »¡Eso es!« und klatschen am Ende verräterisch laut, wenn der Alte sich, mit dem Mädchen an der Hand, verbeugt. Die Kleine lacht mit und tut so, als wäre sie glücklich. Sie verwechselt Glück mit Erleichterung, denkt Adrián und applaudiert als einziger nicht. Der Alte hält ihm einen Hut unter die Nase. Anstatt etwas zu geben, schaut Adrián hinein. Über den Münzen erblühen zwei Scheine. Nicht zu fassen, zwanzig Dollar hat der Ganove in weniger als zehn Minuten verdient. Der sieht Adriáns Blick und zieht im Reflex den Hut von ihm fort.

»Ich habe noch einen Peso«, sagt Adrián wütend, aber so leise, dass niemand ihn hört. Der Alte winkt das nächste Mädchen aus der Menge.

Adrián geht weiter. Seine Hände spielen in den Hosentaschen. Es ist dasselbe wie immer darin. Links der Wohnungsschlüssel, rechts ein Peso.

Es ist nicht wichtig, dass es dein letzter Peso ist, redet er in Gedanken auf sich ein. Irgendwas wird dir schon einfallen.

Die Münzen und Scheine im Hut des Alten haben seine Gedanken wieder in Bewegung gesetzt. Wie eine Maschine beginnt seine tägliche Selbstberuhigung zu arbeiten. Um an etwas zu essen zu kommen, braucht er nicht unbedingt Geld. Zum Glück hat er mal einen Supermarkt eingerichtet und weiß, wo bei den Überwachungskameras die toten Winkel liegen. Nein, Stehlen ist nicht unmoralisch. Unmoralisch wäre, zu verhungern. Und solange er eine Wohnung hat, ist alles noch nicht so schlimm. Drei Monate darf er in Mietrückstand kommen, aber die sind noch lange nicht um. Es ist auch nicht schlimm, dass Strom und Telefon abgeschaltet sind. Im Sommer ist es sowieso lange hell. Und wer soll ihn schon anrufen? Die anderen vom Büro trifft er im »*Cielito azul*«. Noch niemand hat einen neuen Job. Adrián ist nicht schlechter und nicht besser als sie. Wer gerade Geld hat, zahlt für einen anderen mit. So gesehen hat Adrián eine Menge Kredite am Laufen.

Er bleibt stehen, sein Herz trommelt gegen die Rippen. Er ist das nicht gewohnt. So viele Gedanken, die sich nur um ihn drehen. Er bückt sich, hebt einen Stein auf und zielt auf einen dünnen Ast. Getroffen. Wozu sich über Geld aufregen? Ich hab's doch nicht erfunden!, denkt er und schießt noch einen Stein hinterher.

Er hätte seinen Peso auch in den Hut werfen können. Ein Peso allein ist im Grunde zu nichts zu gebrauchen. Es war reine Gewohnheit, dass er ihn behalten hat. Bislang hat er immer darauf geachtet, Kleingeld in der Tasche zu haben. Für den Fahrscheinautomaten im Bus oder den Zeitungshändler, der am Morgen noch kein Wechselgeld hat.

In den letzten Wochen ist ihm zum ersten Mal klar geworden, wie viele Gewohnheiten er hatte. Dass er früher für jede Strecke, auch wenn sie noch so kurz war, den Bus nahm, zum Beispiel. Aber Gewohnheiten kann man leichter ablegen, als man denkt. Manchmal hilft schon ein einfacher Gedanke wie dieser: Busfahren ist ein Fortbewegungsmittel für Leute, die Geld haben. Laufen ist für alle, die Zeit haben. In diesem Fall ist er nicht reicher und nicht ärmer als die anderen. Während ein Angestellter einen Peso verdient, um ihn für eine Zeitung auszugeben, geht Adrián so lange im Park spazieren, bis er in einem Papierkorb eine Zeitung von heute findet. Und wie verdienen die anderen denn ihre Pesos? Er darf gar nicht daran denken, wofür er im Büro seine Zeit und der Chef sein Geld an ihn vergeudet hat. Entwürfe, die niemals realisiert wurden. Es konnte niemand etwas dafür, wenn die ausländischen Investoren am Ende doch ihre eigenen Architekten schickten. Nette Jungs meistens. Spätestens wenn sie ihre Laptops aufklappten, begriffen Adrián und seine Kollegen, warum sie gekommen waren, und sein Reißbrett schien ihm gerade noch gut genug, um sich dahinter zu verstecken. Als der Chef ihnen mitteilte, er werde das Büro schließen, war Adrián deshalb trotz aller Zukunftsangst auch ein wenig erleichtert. Er sagte auch nichts, als die anderen über die geringe Abfindungssumme schimpften und darüber philosophierten, auf welche Art und Weise man der Ehefrau eine solche Misere beibrachte. Nun gratulierten sie ihm dazu, dass er Tamara ein paar Wochen zuvor hatte gehen lassen. Niemand hatte verstanden, warum er mit der Sekretärin des Büros nichts anfangen wollte. Sie war hübsch, sie war verliebt in ihn und jeder nutzte die Gelegenheit, um es ihm zu erzählen. Er wusste es längst selbst. Er freute sich sogar jeden Morgen auf ihre beiden Wangenküsse, die fester und feuchter waren als die der übrigen Kollegen. Aber dann wurde ihr eine andere Stelle angeboten und sie kündigte mit der Begründung, sie könne Adriáns arrogantes Wesen nicht länger ertragen. Die Kollegen hatten es ihm übel genommen, dass er nichts unternahm, um sie zu halten. Aber nun fanden sie, dass es das Beste war, was Tamara hatte passieren können.

Adrián setzt sich auf eine Steintreppe am Rande der Plaza, abseits der Cafés. Früher hätte er natürlich einen Kaffee getrunken. Aber wozu? Er weiß, wie Kaffee schmeckt. Und er muss auch kein Mädchen einladen, nur weil er ihrem Gekicher zuhören will. Es gibt andere, die das für ihn tun.

Vor ihm auf der Straße geht die Ausländerin mit der Baseballmütze vorüber. Sie wirkt niedergeschlagen. Vielleicht bedrückt sie jetzt, wo es zu spät ist, ihr Schamgefühl. Adrián jedenfalls würde es an ihrer Stelle so gehen.

»*You danced really good*«, ruft er der Kleinen zu.

Das Mädchen bleibt stehen, sieht ihn an und zieht sich mit einer zögernden Geste die Mütze vom Haar. Ein Schwall dunkler Locken fällt ihr über die nackten Schultern.

»*And you look really good*«, ruft sie zurück.

Im Gegensatz zu ihr ist er knochendürr – die weite Kleidung kaschiert es kaum. Das einzig Voluminöse an ihm ist seine Nase. Wenn sie das für schön hält, nun gut. Aber vielleicht meint sie ja auch sein gesundes Aussehen, das ihm beschieden ist, seit er sich das Rauchen nicht mehr leisten kann und so lange schläft, bis er von selbst aufwacht.

Noch immer steht sie unbeholfen lächelnd drei Meter von ihm entfernt in der Dämmerung. Über ihr geht eine

Laterne an. Zögernd kommt sie auf den dicken Sohlen ihrer Turnschuhe zu ihm. »*May I sit beside you?*«

»*Sí, claro, por favor!*« Hätte er gewusst, dass es ihr nichts ausmacht, sich auf eine Steinkante zu setzen, hätte er ihr den Platz natürlich längst angeboten. Er schlägt die Beine übereinander und sieht zu, wie sie sich in ihren engen Jeans auf der Treppe niederlässt.

Ob er gut Englisch spreche, fragt sie.

»*More or less*«, antwortet er und sie nickt zufrieden.

Sie erklärt ihm, dass sie von Tango wirklich keine Ahnung habe. Diese Tangoreise sei die Idee ihrer Freundin Jacqueline gewesen. Aber mit der habe sie sich zerstritten. Und jetzt stehe sie ganz schön dumm da, denn Jacqueline wäre für die Orientierung zuständig gewesen und sie für die Verständigung, auch wenn sie nur Englisch und Französisch könne. Und jetzt habe sie noch fast eine Woche und wisse gar nicht, was sie so allein in Buenos Aires machen solle. Das heißt, sie würde schon gern noch etwas von dem berühmten Tango mitkriegen. Aber sie kenne sich ja nicht aus.

Das Mädchen redet so schnell, dass er kaum mitkommt. Er heiße Adrián, sagt er.

»*I am the Marni*«, antwortet sie.

»*Your name is Dimáni?*«

»*No, Marni, yo soy la Marni*«, versucht sie es mit Worten, die sie vielleicht aus einem Buch mit so einem Titel wie ›Spanisch in letzter Minute‹ hat.

Adrián lächelt so herzlich er kann, ohne dass er im Geringsten die große Bedeutung des »die« vor ihrem Namen versteht. Er fragt sie, worüber sich zwei Frauen, die zusammen eine weite Reise machen, so streiten können, dass sie sich trennen müssen. Schließlich sei Buenos Aires nicht ganz ungefährlich.

Marni sagt, dass er der erste Mensch sei, mit dem sie nach diesem Streit überhaupt rede. Es sei sicher nicht einfach, ihm das Ganze zu erklären. Allerdings würden ihr die Dinge beim Erzählen vielleicht selbst etwas klarer werden, und wenn er denn so viel Zeit hätte ...

»*Go ahead*«, sagt Adrián und die Marni beginnt.

Die Sache sei die: Ihre Freundin Jacqueline habe eine ziemlich komische Angewohnheit. Bei Tisch lasse sie etwas aus ihrem Mund hängen. Jetzt kommt die Marni nicht auf das Wort. »*No water and no chewing gum.*« Sie schlägt in einem Wörterbuch nach und findet *spittle*. Aber dieses Wort kennt Adrián nicht. Er hält einen Passanten an und fragt, ob er wisse, was *spittle* auf spanisch heißt. Der Mann antwortet: »Das ist das, was ihr zwei demnächst mit euren Zungen austauschen werdet.«

Sie hat Spucke aus dem Mund hängen lassen?

Ja, und zwar in Fäden, die sie dann wieder zurückgeschlürft habe. Für sie sei es ein Kunststück, das sie jeden Tag üben muss. Die Marni wird vor Verlegenheit so rot, als würde sie es selbst tun.

Aber sie habe ihre Freundin doch sicher gebeten, damit aufzuhören, fragt Adrián.

Ja, natürlich habe sie das, aber das habe eben den Streit ausgelöst. Jacqueline habe gefragt, ob sie sich denn schon länger davon gestört fühle. Die Marni hatte bejaht. Daraufhin fragte Jaqueline, ob es denn noch mehr Angewohnheiten gäbe, die sie ablehne und mit widerwilligem Schweigen erdulde. Marni verneinte. Jacqueline glaubte ihr nicht. Sie habe von Anbeginn ihrer Freundschaft immer so ein ungutes Gefühl in ihrer Gegenwart gehabt, »*a latent rejection*«, sagt die Marni, eine Wendung, die Adrián nicht versteht. Jacqueline sei überzeugt gewesen, dass das, was gerade passiert sei, nur die Spitze des Eisberges zwischen ihnen wäre. Marni solle doch zugeben, dass sie auch etwas gegen ihre Art zu sprechen habe oder wie sie laufe. Sie sei froh, dass sie diese Reise gemacht hätten, sonst hätte ihr die Marni wohl bis in alle Ewigkeit etwas vorgemacht und Jacqueline hätte weiterhin gedacht, sie würde sich nur einbilden, dass etwas zwischen ihnen nicht stimme. Jetzt allerdings fühle sie sich schon wie gelähmt, wenn sie nur daran denke, dass die Marni die ganze Zeit ihre Kritik unterdrückt hatte. Umsonst beteuerte die Marni, dass das alles nicht so sei. Vielleicht sei es ja wirklich nur die Hitze gewesen, die sie an diesem Morgen etwas überempfindlich reagieren ließ. Es sei beschämend, wie sie ihre Meinung beim geringsten Widerstand schon wieder zurücknähme, sagte Jacqueline. Sie jedenfalls wolle der Marni auf keinen Fall das wohl verdiente Urlaubsfrühstück noch weiter verderben. Sie werde sich ein anderes Hotel suchen.

»I was shocked«, ruft die Marni und Adrián glaubt es ihr sofort. Aber Jaqueline sagte, sie brauche gar kein Theater zu spielen, im Grunde sei sie doch froh, sie loszuwerden. Sie ging in ihr Zimmer und kam kurze Zeit später mit gepacktem Koffer zurück. Als sie sah, dass Marni noch immer weinte, habe sie gesagt: »Du wirst sehen, es wird auch deiner Autonomie gut tun.«

»I have not enough English to understand you«, gesteht Adrián. Die Marni verstummt und lässt über ihrer Nasenwurzel eine kurze krumme Falte entstehen.

»But I can show you this town, if you want«, schlägt er vor.

»Of course I want«, schreit das Mädchen auf.

»Okay, so I will show you different Milonga-places.« Seit langem fühlt Adrián sich wieder einmal so wie in den Momenten, wo er sein Reißbrett eingerichtet hat, um einen

Grundriss zu skizzieren. Er will sofort los, aber die Marni fragt, ob sie nicht zuerst einen Kaffee trinken wollen.

Zu dumm, antwortet er, er habe gerade zwei große Tassen Kaffee getrunken, ihm sei schon ganz schwindlig von dem vielen Koffein. Wasser? Nein, auch Wasser habe er viel zu viel getrunken. Sein Magen sei der reinste Ozean.

Ob alle Argentinier so lustig seien wie er, fragt sie.

Oh, eigentlich weinen wir in jeder freien Minute!, ruft er. Ihr weicher Bauch über dem Hosenbund will gar nicht mehr aufhören zu hüpfen, und da sie sich beim Kichern die Hand vors Gesicht hält, bekommt sie auch nicht mit, wie er dieses kleine Schauspiel genießt.

Etwas, das mich keinen Peso kostet, denkt er sich, befiehlt sich aber gleich, sofort mit dieser elenden Rechnerei aufzuhören. Er reicht der Marni die Hand.

Seine Finger sind lang und dünn. Klavierspielerfinger hat Tamara einmal gesagt und hinzugefügt, dass sie sicher auch noch anderes mit viel Gefühl berühren könnten. Etwas Ähnliches scheint die kleine Touristin jetzt auch zu denken, so misstrauisch, wie sie seine Hand betrachtet.

Es sei einfach praktischer, sich bei dem Gedränge auf der Plaza festzuhalten, sagt er. Erstaunt lächelt sie ihn an und legt ihre sehr warme Hand in seine.

Zuerst führt Adrián sie zum »*Torquato Tasso*«, wo aber gerade kein Tango getanzt wird, sondern eine Gruppe von Kindern unter lautem Getrommel einen wilden Tanz übt, bei dem sie immer wieder die Beine nach vorn und zur Seite schleudern.

Dann gehen Marni und Adrián in den Lezame-Park. Adrián erzählt ihr von den Romanen Ernesto Sábatos, in denen es unter der Stadt eine Welt gibt, die von Blinden beherrscht wird. Das Geschehen an der Oberwelt spiele sich hauptsächlich in diesem Park ab. Die Helden verlieben sich in fragwürdige Frauen, denen sie nachlaufen, bis sie in dunklen Katakomben landen und von überdimensionalen Vaginas verschluckt werden.

»*How interesting*«, meint die Marni. Kurz darauf zieht sie ihre Hand aus seiner und ein unangenehmes Schweigen entsteht. Nun kommen sie an Adriáns Haus vorbei. Eigentlich wollte Adrián ja nur einen kurzen Spaziergang vor dem Essen machen. Jetzt, in der Nähe seiner Wohnung, tritt ihm sein Wasserhahn, aus dem grenzenlos Trinkwasser fließen würde, bildlich vor Augen, und ihm ist, als könne er den halb vollen Suppentopf, der auf dem Gasherd steht, bereits riechen. Sein Magen knurrt.

»*Are you hungry?*«, fragt das Mädchen.

»*No, it's only because of the fresh air.*«

Er kann sie unmöglich zu Wasser und Suppe einladen. Und da es schon dunkel ist, müsste er Kerzen anzünden, und das, nachdem er ihr von Sábatos düsteren Vaginal-Fantasien erzählt hat. Es ist nicht möglich, und so gehen sie weiter.

Adrián erzählt von der Gelbfieberepidemie, die 1870 in San Telmo ausbrach. Damals waren die reichen Bürger aus dieser Gegend geflohen und in Viertel gezogen, die bis heute zu den vornehmsten von Buenos Aires gehören. Recoleta und Palermo. Die Armen blieben zurück und die Überlebenden der Epidemie zogen in die verlassenen Villen. Von denen seien allerdings kaum noch welche da. Man reiße ja so viel ab.

»*How interesting*«, wiederholt die Marni.

Als sie die Avenida 9 de julio überqueren und Adrián ihr erklärt, dass das die breiteste Stadtstraße der Welt sei, ruft sie: »*Yeah, it's really big.*«

Zum Überqueren benötigen sie zwei Ampelphasen, in denen sie so schnell wie möglich laufen. Man müsse immer damit rechnen, dass die Autos gleich wieder Grün bekommen und durchstarten, ohne auf Fußgänger Rücksicht zu nehmen, erklärt Adrián die Eile. Auf der anderen Seite steht ein Kind, das ihnen ein Heiligenbildchen entgegenstreckt. Als hoffe es, dass gläubige Katholiken durch die gerade überstandene Lebensgefahr besonders milde gestimmt sein könnten.

Früher hat Adrián diesen Kleinen immer etwas gegeben. Besonders in Gegenwart von Frauen. Die verlieben sich viel schneller, wenn sie einen Mann für gutherzig halten. Aber als die Marni fragt, wie viel man einem solchen Kind gebe, sagt er, solche Spenden hätten überhaupt keinen Sinn. Der Kleine müsse ohnehin alles seinem Boss abgeben. Irgendeinem herzlosen Mafioso, der Bettelkinder für sich arbeiten ließe. Für das Eingesammelte bekämen sie nichts als ein lächerliches bisschen Essen und vielleicht eine geschützte Schlafstätte. Die einzige Möglichkeit, solche Geschäfte zu unterbinden, sei, den Kindern nichts zu geben.

Aber was passiere, wenn die Kinder ohne einen Peso zurückkämen, möchte die Marni wissen.

Das könne er auch nicht sagen. Nichts Gutes wahrscheinlich.

Entschlossen zieht die Marni ihre Börse hervor und drückt dem Kleinen eine Münze in die Hand. Auf einen Peso mehr oder weniger komme es schließlich nicht an. Bei dem jetzigen Dollarkurs würde sie sowieso viel mehr ausgeben, als sie sich leisten könne. Es klingt, als wolle sie ihm erklären, wie sie sich ihre eigene Handtasche klaut.

Sie gehen weiter und Adrián weiß nicht mehr, was er ihr noch erzählen soll.

Plötzlich ruft sie: »*For me it's so great to go through this street beside an aboriginal Argentinian.*«

»*Oh, I like it, to show these places to a gringo-girl*«, kontert er.

Romantisch seufzend nimmt sie seine Hand.

Sie nähern sich dem »*Niño bien*«. Schon von weitem ist der breite Balkon zu erkennen. Drei schwarze Silhouetten heben sich vorm dunkelblauen Sternenhimmel ab.

»*Niño bien*« bedeute so viel wie »Kind aus wohlhabenden Verhältnissen«, erklärt Adrián.

»*How interesting*«, murmelt die Marni wieder, aber nun so leise, dass er es, wenn er will, überhören kann.

Plötzlich bleibt sie stehen und sagt: »*I know, that I'm quite stupid.*« Sie wolle jetzt ehrlich sein. Ob er denn wisse, wie sie sich fühle an seiner Seite. Sie würde so gern so aussehen wie einer dieser eleganten Menschen auf dem Balkon dort. Aber sie sei nun einmal nichts weiter als ein pummliges Mädchen in klobigen Turnschuhen.

»*¡Por favor! There's no reason to think that*«, ruft Adrián.

Es sei sehr nett von ihm, dass er das sage, aber er brauche ihr auch nichts vorzumachen, antwortet sie.

Still läuft sie neben ihm her. Adrián nimmt ihre Hand und spürt, wie ihre Aufregung auf ihn übergeht.

Sie erreichen den Eingang des »*Niño bien*«.

Ob es wirklich wahr sei, dass jeder Mensch Tango tanzen könne, fragt ihn die Marni.

Er kenne Leute, die noch nach zehn Jahren Unterricht nehmen.

So schwer ist das?, staunt sie und Adrián ist nicht sicher, ob sie einen Witz macht.

Er sagt, im Grunde könne doch jeder Mensch alles. Zum Beispiel könne jeder ein Haus zeichnen. Aber wenn jemand mehr als tausend Häuser von innen und von außen, mit und ohne Außenwände gezeichnet habe, könne er es eben besser als andere. Es hänge doch weniger vom Können ab als von der Entscheidung, was man im Leben machen wolle.

Ob er sich dazu entschieden habe, Architekt zu sein, fragt sie zögernd.

Richtig, antwortet er, und er liebe seinen Beruf. Ihm entgeht nicht, wie ihre Augen zu glänzen anfangen, als er ruft: »*And I love my profession.*«

Hand in Hand gehen sie durch den Empfangssaal des Ballhauses. In Blumenform fächern sich Intarsien übers Parkett. Adrián spürt, wie die Marni sich aufrichtet. Ein Tanzkleid und ein Paar Absatzschuhe könnten aus ihr ganz bestimmt eine sehr hübsche Frau machen, denkt er. Sie steigen über einen zerschlissenen Läufer die Treppe hinauf. Oben sitzt ein alter Kassierer vor einem Tisch. Inmitten der Stapel von Handzetteln, die von Unterricht über Tanzschuhe bis zu Maßschneiderei alles anbieten, was in irgendeiner Form mit Tango zu tun hat, umgrenzt er mit seinen knochigen Händen zwei kleine Stapel mit Eintrittskarten.

Ohne ihn vorher zu grüßen, erklärt ihm die Marni: »*I want to learn to dance with this man.*«

»*No problem.*« Unter seinem fein gestutzten Schnurrbart entblößt der Kassierer lächelnd zwei hellbraune Schneidezähne. »*You can go to class before the milonga. Eight dollars for person.*«

Glücklich dreht die Marni sich um. Ob er gehört habe, es gebe vorher Unterricht.

Adrián erklärt ihr, dass sie in ihren Turnschuhen nicht tanzen könne.

Wirklich nicht? Aber der Mann auf der Plaza …

Der sei ein Scharlatan gewesen, erwidert er und legt behutsam eine Hand auf ihre Schulter. Frauen müssten ihre Fußsohlen auf dem Boden spüren, da sei er sich ganz sicher, und für irgendwas seien auch die hohen Absätze wichtig.

Bestürzt wölbt sie die Unterlippe vor. Vorsichtig fügt Adrián hinzu, dass er inzwischen auch großen Hunger habe.

Mit unverhohlener Neugier verfolgt der Kassierer ihr Gespräch. In einer halben Stunde käme eine Frau, die Tanzschuhe verkaufe, mischt er sich ein. Der Unterricht beginne in einer Stunde. Bis dahin könnten sie hier bleiben und eine Kleinigkeit essen. Adrián muss übersetzen.

»*That's perfect*«, schreit die Marni.

»*And the best is, that I come together with an aboriginal Argentinian. Oh, I'm so lucky!*«

Die drei *tangueros* kommen vom Balkon herein. Einer wirft Marni einen pikierten Blick zu. Sie öffnen eine breite Flügeltür. Im riesigen Tanzsaal werden die Kronleuchter entzündet. Jemand hat eine CD eingelegt. Eine sehr alte Aufnahme von ›Madame Yvonne‹.

Ob sie wisse, worum es in diesem Lied gehe, fragt Adrián. Nein, sagt sie und schaut zu ihm auf. Wenn er wolle, könne er es ihr gern erzählen.

Er wird etwas verlegen. Madame Yvonne sei eine schöne Pariserin, die sich in einen Argentinier verliebe. Der verspricht ihr, sie glücklich zu machen. Sie folgt ihm nach Buenos Aires, aber dort bringt er nur ihr Geld durch, macht sie zur Prostituierten und verlässt sie.

Wie traurig, sagt die Marni. Der Kassierer schaut sie abwartend an.

Jetzt fällt Adrián ein, was ihm Tamara einmal erzählt hat. Dass es europäische Touristinnen gebe, die argentinische Männer dafür bezahlen, dass sie einen ganzen Abend lang nur mit ihnen tanzen. Wenn er jetzt zum Beispiel der

Kleinen sagen würde, er hätte sein Geld zu Hause vergessen, würde sie ohne zu zögern seinen Eintritt und alles Übrige bezahlen. Und warum auch nicht. Wenn sie gerade so viel Geld ausgibt, kommt es auf die zwanzig Pesos für ihn wohl nicht an, denkt Adrián, aber dann schüttelt er sich vor Ekel. Er hat nichts, er braucht nichts und damit basta.

Der Kassierer feuchtet seine Fingerspitzen an und zählt zwei Karten vom Stapel.

»*Two person with class, right?*«

Als die Marni ihre Geldbörse öffnet, wird es Adrián kalt. Er räuspert sich.

»*You know, Marni . . .*«

»*It's allright, I pay our tickets.*«

»*No, I don't want to stay here.*«

Ihre Lippen fangen zu zittern an. Er sagt ihr, dass er gleich in der Nähe wohne und Suppe auf dem Herd habe, die morgen schlecht sein würde, was doch schade wäre. Sie könnten ja nach dem Essen wieder hierher kommen.

Vielleicht kann er sich von seinem Nachbarn zehn Pesos leihen, denkt er, oder er findet einen Zwanzigdollar-Schein auf der Straße. Manchmal passieren ja die verrücktesten Dinge.

Sie holt tief Luft und meint, sie zöge es vor, so spät am Abend nichts mehr zu essen, das setze nur an.

Sie brauche ja nicht zu essen. Er würde sich auch freuen, wenn sie ihn nur begleite. Er lächelt, was das Zeug hält. Aber es hilft nichts. Allzu deutlich spürt er, dass es immer stiller um sie beide wird, bis die Marni sich plötzlich ganz von ihm abwendet und den Kassierer fragt, ob man auch ohne Partner am Unterricht teilnehmen könne.

»*Sí, claro. No problem. There are enough other chicos.*«

Nun dann. Sie dreht sich wieder zu ihm.

Sie wolle ihn nicht länger aufhalten, er habe sich ohnehin schon so viel Zeit für sie genommen. Während sie spricht, reicht sie dem Kassierer einen Hundertdollarschein.

»*¡No, por favor! I can't change this moment! ¡No tan temprano! You don't have cambio?*«

»*Only seven.*« Unglücklich sieht sie den Kassierer an. Da fährt Adrián mit schlanken Fingern in die Hosentasche und zaubert den achten Peso hervor.

»*Thank you very much*«, ruft die Kleine und mit einem Mal überschwemmt ein Verlegenheitsrot ihr Gesicht. »*And thank you for all.*« Sie legt ihre Hände an seine Wangen und küsst ihn weich und feucht auf die Lippen. »*Ciao.*«

»*Ciao*«, sagt Adrián. Jetzt ist es einfach zu gehen. Nach ein paar Stufen dreht er sich noch einmal um. Die Marni starrt ein Loch in die Luft. Er winkt ihr zu.

»*Ciao, chica*«, ruft er. »*Good luck*«, und geht weiter die Treppe hinunter.

Auf der Straße beginnt er zu pfeifen. Er pfeift die Melodie von ›Madame Yvonne‹.

Nach dem Essen legt sich Adrián ins Bett. Allmählich lässt das Zittern in seinen Beinen nach. Die ständigen Gedanken an Geld haben ihn erschöpft. Aber auch jemand, dessen Arbeit darin besteht, über seine Arbeitslosigkeit nachzudenken, muss einmal Feierabend haben, sagt er sich und schließt die Augen.

Vorsichtig streicht er mit der Zunge über seine Lippen, als könne er Marnis Kuss dort noch finden. Er hat von Anfang an gewusst, dass sie sich in ihn verlieben wird. Schon als er sie auf der Plaza angesprochen hatte. Wahrscheinlich wird sie in den nächsten Tagen oft an ihn denken. Vielleicht, wenn auch immer seltener, sogar noch in den nächsten Monaten oder Jahren. Vielleicht wird sie sogar noch als ganz alte Frau an warmen Sommerabenden, nur für eine Sekunde und kaum dass es ihr wirklich bewusst wird, einen jungen argentinischen Mann vor sich sehen. Und wenn jemand sie dann zufällig anschaut, wird er das Gefühl haben, die Zeit bleibe stehen. Und dieser Gedanke erfüllt Adrián mit tiefer Zufriedenheit.

Sommer im Winter

Die Felsplatte ragt über den Gebirgsbach hinaus. Der Stein ist von der Mittagssonne aufgeheizt, aber jetzt schieben sich dunkle Wolken zusammen. Der Mann und die Frau bemerken zur gleichen Zeit das nasse Kitzeln auf der Haut. Und gleichzeitig hoffen sie, die Wolken könnten, ohne dass es regnet, vorüberziehen. Obwohl beide wissen, dass diese Hoffnung töricht ist. Gewitter haben in den Bergen immer denselben Ablauf. Zuerst verdunkelt sich der Himmel und weckt ein Gefühl dumpfer Angst, der Wind bringt Kälte mit. Dann, in einem einzigen Moment, schlägt das Tröpfeln um, die Wassermassen brechen herab und peitschen über die Hänge. Die Zeit, in der man Angst hat, ist vorüber, man hält nur noch aus, friert und wartet, bis die Wolken sich auflösen und erneut das Blau des Himmels freigeben. Niemals ziehen sie an den Bergen vorbei, ohne dass es regnet. Aber sie bleiben auch niemals da, um einen ganzen Tag zu verdüstern. Erst heute Morgen haben der Mann und die Frau darüber gesprochen. Dennoch bleiben sie liegen, Hand in Hand, dem Atem des anderen lauschend.

Vor zwei Tagen hat sie ihn angerufen und zum ersten Mal das Wort *extrañar* gebraucht. Ein Wort, dem sie misstraut. Anfangs hatte sie die Vokabel mit *extraño*, »fremd«,

75

verbunden. Als sie im Hotel von einer bolivianischen Putzfrau gefragt wurde: »¿*Extrañas tu padres?*«, verstand sie: »Entfremdest du dich deinen Eltern?«, und glaubte, in dieser Frage schlage sich eine indianische Weisheit nieder. Erst als der Mann nach einer Trennung von zwei Stunden gesagt hatte: »*Te extraño mucho*«, war die eindeutige Übersetzung klargestellt.

Als sie aus den Bergen anrief, ging nur der Anrufbeantworter an. Sie legte noch zwei Mal auf, bevor sie auf das Band sprach, dass sie ihn vermisse.

Mit der Hilfe des Mannes lernt sie Spanisch, so wie ein Kind sprechen lernt. Sie fragt nach den Namen der Dinge – Ball, Schwimmbecken, Pfahl, *pelota, pileta, pelote.* Der Sinn hängt an einem einzigen Vokal. Sie wundert sich so sehr darüber, dass der Mann ein Lächeln unterdrücken muss. Dass sie niedlich auf ihn wirkt, ist ein Missverständnis, das er für sich behalten will. Er versucht sich einzuprägen, welche Worte sie kennt, um nur diese zu benutzen. Obwohl so viel Behutsamkeit nicht notwendig wäre. Sie versteht seine Gedanken meist schon, bevor er sie in Worte fasst.

Der Regen ist stärker geworden. Die Wellen überschäumen das glatte Gestein. Das Blau des Himmels ist verschwunden. Als die Frau am Ende des vierzehnstündigen Fluges aus Deutschland zum ersten Mal dieses Blau gesehen hatte, war sie erschrocken. Es schien so gewaltig, als wäre es von eigenem Licht. Selbst jetzt scheint es den grauen Wolken noch einen metallischen Glanz zu verleihen.

Im Wasser regnet es Kreise, die immer enger werden. Der Mann und die Frau packen zusammen. Sie benötigen keine Worte. Nur diese:

»Wie schön du bist.«

»Weil du mich ansiehst.«

Sie gehen am Bach entlang. Nach wenigen Metern haben sie einen flachen Steg erreicht. Der Mann reicht der Frau die Hand. Sie lächelt über die Zuverlässigkeit, mit der sie solche Gesten erwarten kann. Auf der anderen Seite des Flusses steht ein Haus mit Veranda, ein Restaurant. Sie sind die einzigen Gäste. Sie haben die Terrasse gerade betreten, als der Wolkenbruch einsetzt. Sie könnten sich über den glücklichen Zufall wundern, aber sie haben damit aufgehört. Seit sie sich begegnet sind, geschieht alles im richtigen Moment.

Der Regen schafft undurchdringliche Wände, die den Ort ihrer Gegenwart festlegen. Hier müssen sie bleiben. Als der Mann bemerkt, dass die Frau in ihrem Strandkleid friert, bittet er den Kellner um eine Tischdecke und hüllt sie in das steife Leinen ein.

Vorgestern war er in den Bus gestiegen, um der Frau in die Berge nachzufahren. Er tat es, obwohl er nicht mehr an Liebesgeschichten glaubt. Dass er Tango tanzt, ist etwas anderes. Normalerweise vermeidet er es, mit Touristinnen zu tanzen. Wegen seiner spanischen Vorfahren sieht er so aus, wie sie sich einen Latino vorstellen. Sie überschütten ihn mit ihrer Sehnsucht, eines Tages irgendwo anzukommen. Manche haben ihm schon Geld angeboten, damit er mit keiner anderen mehr tanzt.

Mit den *porteñas* in seinem Alter teilt er das Gefühl von Vergeblichkeit. Sie können nicht aufhören zu tanzen, obwohl sie sich den Luxus der großen Erwartungen längst nicht mehr leisten.

Es muss an ihrem Blick gelegen haben, dass er die Deutsche zuerst für eine Hiesige gehalten hatte. Er schätzte sie auf Ende dreißig. Tangotouristinnen sind meistens jünger. Er zweifelte erst, als er die grauen Haarsträhnen sah. Eine Argentinierin würde es niemals unterlassen, sie zu färben.

Und außerdem bestellte sie ihren Wein in einem Spanisch, das der Kellner kaum verstand. Sie hatte sich an seinen Tisch gesetzt. Es war eine Sache der Höflichkeit, sie aufzufordern.

Sie ist eine Anfängerin, eine von denen, die versuchen, ihre mangelnde Erfahrung mit besonderer Anschmiegsamkeit auszugleichen, um möglichst jeden Impuls des Mannes mitzubekommen, und erst, wenn sie sich sicher fühlen, anfangen, auf ihre Haltung zu achten. Diese Frauen unterschätzen meistens, wie schwierig es für einen Mann ist, wenn er keinen Widerstand spürt. Aber noch während er darüber nachdachte, war der Tango vorbei. »Wie einfach das geht«, sagte sie und es war, als hörte er seine eigenen Gedanken mit ausländischem Akzent.

Den Gewohnheiten entsprechend, verbeugte er sich nach dem dritten Tanz und brachte sie zum Tisch zurück. Einen kurzen Moment glitt Enttäuschung durch ihren Blick. Aber gleich darauf lachte sie, sagte viel zu laut »*muchas gracias*«, nahm ihre Handtasche und setzte sich an einen anderen Tisch.

Sonst ging er nie zweimal hintereinander in dasselbe Lokal. Er hatte es für eine spontane Laune gehalten, am nächsten Tag ausnahmsweise wieder zum »*Estrella*« zu gehen, aber als er die Frau auf der Tanzfläche entdeckte, gestand er sich ein, dass er sie gesucht hatte. Er beobachtete sie. Aufmerksam und gar nicht so anhänglich, wie er geglaubt hatte, folgte sie der Führung eines alten Tänzers. Der Mann wusste, dass er mit ihr schlafen wollte, und die Gewissheit, dass es leicht sein würde, sie zu verführen, erregte ihn, noch bevor er sie begrüßt hatte. Er lud sie für den Abend ein. Eine *porteña* hätte entweder mit einem entschiedenen »*no, gracias*« geantwortet oder mit einem ersten zweideutigen Lächeln. Aber diese Frau sah ihn so erstaunt an, dass er nicht sicher war, ob sie ihn überhaupt verstanden hatte. Später erzählte sie komische Geschichten von Männern, die sich das Essen von ihr bezahlen ließen.

Er hörte zu und betrachtete ihren Körper. Wenn sie unruhig wurde, forderte er sie zum Tanzen auf, wenn sie zu stolpern begann, schlug er eine Pause vor. Bei jeder Zigarette, die sie aus der Schachtel nahm, hatte er sein Feuerzeug schon in der Hand. Das hat er immer bei sich, obwohl er selbst nicht raucht.

Natürlich war der Frau klar, dass dieser Mann nichts anderes im Kopf hatte, als mit ihr zu schlafen. Es war die Heftigkeit seines Begehrens, was sie erstaunte, und dass es wirklich ihr gelten sollte. Das war ihr so fremd wie das gewaltige Blau über den Hochhäusern. Als der Mann ihr vorschlug, in der Sommernacht spazieren zu gehen, tat sie, als verstünde sie ihn nicht.

»Was willst du?«, fragte er.

»Tanzen.«

Er kniff den Mund unter seinem Schnauzbart zusammen. Sie lächelte, als hätte sie keine Ahnung, worüber er sich ärgern könnte. Ab jetzt tanzte er nur noch den Grundschritt und ein paar Vorwärts- und Rückwärts-Achten. Es sollte sie langweilen, aber ihr machte es nichts aus. Hauptsache, das Spiel vom Weglaufen und Wiederkommen, das ihre Füße miteinander spielten, hörte nicht auf. Als die meisten Gäste schon gegangen waren, tanzten sie immer noch.

Endlich fragte er sie, ob sie mit zu ihm käme. Er habe Champagner im Kühlschrank.

Sie lachte. »Ich will nicht mit dir schlafen.«

»Ach nein?«, rief er und begann sich sicher zu fühlen.

Als die Kellner die Stühle hochstellten, war außer ihnen

nur noch ein alter *porteño* im Saal, der eine junge Belgierin vor sich her schob.

Jeder Tango konnte der letzte sein. Die Frau konnte ihre Tasche nehmen, auf der Straße ein Taxi winken und einfach verschwinden. Noch immer suchte sie mit ihren Beinen die Exaktheit ihrer Tanzlehrerinnen nachzuahmen. Er konnte nicht spüren, ob sein Verlangen sie anzog oder abstieß. Kein Schweiß, kein Zittern, nichts, als wäre ihr Körper stumm. Als sie zur Vorwärts-Acht ansetzte, schnellte er seinen Fuß vor ihren und trat einen Schritt zurück. Sie musste sich auf ihn legen, sie hätte empört davonlaufen können, es war ihm egal, er würde nichts verlieren. Sie blieb und legte sogar ihren Kopf an seine Schulter. Ohne ihr Gesicht zu sehen, wusste er, dass sie rot geworden war. Er ließ sie nach unten gleiten, ihr linkes Bein schnellte übers Parkett, sie schaute zu ihm auf, gab ihm die Tangopose. Okay, Kleiner, du hast gewonnen, sagte ihr gekünstelter Blick. Am liebsten wäre er gegangen. Aber ihr Gleichgewicht lag in seinen Armen, er führte sie in den Halbmond. Sie zitterte, endlich, und das hörte bis zum letzten Takt nicht mehr auf. Als sie sich wieder gegenüberstanden, war auch ihr Lächeln verschwunden. Im Taxi legte sie ihren Kopf in seinen Schoß.

Sein Körper hatte sich nicht getäuscht. Einmal entkleidet, eroberte er, wach wie ein spielendes Kind, diese Frau, reihte Zärtlichkeiten aneinander, bis sie aufhörte, sich zu fürchten, bis sich die Furcht in Erstaunen wandelte, bis sie nicht mehr staunte, mutig wurde und ihn zu erforschen begann, bis sie miteinander spielten wie Katzen und sich ins Ohr flüsterten »Tiger« und »Löwin«.

Sie dachte an die Worte »gewaltig«, »blau« und »Licht«.

Nach Stunden lagen sie erschöpft nebeneinander. Die Augen der Frau glänzten im Dunkel. »Ich habe immer geglaubt, so etwas wäre nicht möglich.« Er hätte gern darüber nachgedacht, was sie meinte, aber er schlief ein. Einmal erwachte er. Sie saß vor ihm. Weiße Brüste über dem braun gebrannten Bauch. Eigentlich mag er es nicht, wenn ihm eine Frau beim Schlafen zusieht. Jetzt ließ es ihn gleichgültig. Eine ungewohnte Schwere zog ihn zurück in den Schlaf.

Am Freitag rief er im Büro an und entschuldigte sich, er sei krank. Am Montag wollte die Frau in die Berge fahren. Bis dahin trennten sie sich kaum eine Stunde, verließen seine Wohnung nur kurz, um Steaks und Tomaten zu kaufen, und einmal, um ins Hotel zu fahren und ihre Sachen zu holen.

Auf dem Weg zum Busbahnhof weinte sie darüber, dass sie am Nachmittag in seinem Bett eingeschlafen war und so die letzten Stunden mit ihm verschlafen hatte. Sie sprach davon, auf die Weiterreise zu verzichten. Vielleicht hätte er sie gebeten zu bleiben, aber es war zu deutlich, dass sie sich vor dieser Bitte fürchtete. Inzwischen verstand er jeden Atemzug von ihr.

»Die Stadt ist nichts für dich, wenn es so heiß ist«, sagte er. »Die Berge werden dir gut tun.«

Er nahm eine ihrer Tränen zwischen seine Lippen, küsste sie auf den Mund. Sie lächelte wie ein kleines Mädchen, weil sie wusste, dass er es so wollte.

Seit sie fort war, verließ er das Haus nur noch, um ins Büro zu gehen. Seine Wohnung bestand aus einem einzigen Zimmer. Vor dem Fenster ragte eine braune Hochhauswand auf, über die sich schwarze Regenspuren zogen. Im Sommer staute sich die Hitze in diesem Schacht. Der Strom für die Klimaanlage war teuer und außerdem machte sie zu viel Lärm. Jede Nacht lag er wach, ließ Tango-CDs laufen und starrte die kurze Gardine am Fenster an, die sich so gut wie nie bewegte. Über sein Gesicht rann Schweiß, oder Tränen, es war ihm egal.

Sie hatten sich voneinander getrennt, als wären sie unwiderruflich an ihre Einsamkeit gebunden.

Fünf Tage hatte die Frau es allein ausgehalten. In Mina Clavero, wo sich mitten im Ort ein warmer und ein kalter Fluss kreuzen. An den Ufern lärmten Gruppen von Halbwüchsigen, zwischen denen dieselben Rituale abliefen wie überall auf der Welt, wo Mädchen und Jungen und Wasser zum Baden zusammenkommen. Abseits davon räkelten sich junge Eltern auf ihren Decken und sahen mit gelassener Zärtlichkeit ihren kleinen Kindern beim Plantschen zu. Von Tag zu Tag kam die Frau sich idiotischer vor, wenn sie sich im Pensionszimmer unter mühseligen Verrenkungen den Rücken mit Sonnenöl einrieb, wenn sie für sich allein eine Decke ausbreitete und Thermoskanne und Mate-Gefäß aufstellte. Auf die neugierigen Fragen der jungen Mädchen, wo denn ihr Mann und ihre Kinder seien, fand sie keine Antworten. Eines Nachts konnte sie den Öffnungszeiten des *locutorio* nicht mehr widerstehen. Nach einem langen sprachlosen Tag ging sie in eine Kabine und legte seinem Anrufbeantworter ihr Geständnis ab. »Ich vermisse dich.« So früh, so heftig hatte sie das noch nie getan. Kaum eine Stunde später rief er bei der Rezeption des *Residencial* an. Der Portier, mürrisch wegen der nächtlichen Ruhestörung, holte sie ans Telefon.

Der Mann hatte bereits eine Fahrkarte bestellt. Schon morgen sei er da. Sie hatte Angst, sie freute sich, sie fürchtete, sie könne ihn nicht wiedererkennen, sie schwieg zu lange. »Was ist mit dir, Herz?«, fragte er. Sie war eine Frau von sechsunddreißig Jahren, um die sich plötzlich jemand

Sorgen machte. Sie sagte: »Ich freue mich«, legte auf und ging noch einmal ins Städtchen, um sich, ungeachtet aller neugierigen Blicke, in einer Bar am Ufer des warmen Flusses zu betrinken.

Seit zwei Jahren hatte der Mann keinen Urlaub mehr gemacht. Zu viel Arbeit, zu wenig Geld, auch jetzt war es leichtsinnig, einfach wegzufahren. Der Bus hatte die Stadt um Mitternacht verlassen. Seitdem fuhr er durch Sonnenblumenfelder. Endlich, gegen zehn Uhr vormittags, erklommen sie die ersten Serpentinen, krochen unendlich langsam staubige Kammstraßen entlang. Wolkenschatten glitten über die Täler. Je näher sie Mina Clavero kamen, umso nervöser wurde der Mann. Würde sie sich an ihre Sehnsucht erinnern, wenn er ausstieg, übernächtigt, mit seinen kurz geratenen Beinen, mit seinem unsicheren Lächeln im Gesicht? Als sie das Ortsschild endlich passierten, empfand der Mann nichts weiter als seine Müdigkeit. Der Asphalt flimmerte unter der Hitze. Er sah die Frau zwischen den übrigen Wartenden stehen, wie sie versuchte, ihn hinter den getönten Scheiben auszumachen. Sie wirkte erschöpft wie alle, die bereits Stunden in dieser Hitze gewartet hatten. Er stieg als Letzter aus, ein untersetzter Vierzigjähriger, der ihr genauso zuwinkte wie seine Mitreisenden ihren Verwandten zuwinkten und sie, eine kleine braun gebrannte Frau, kaum noch als Europäerin erkennbar, ging mit einem letzten ungläubigen Lächeln auf ihn zu. Dann nahmen sie sich in die Arme, wie es alle taten. Ein Mann und eine Frau, die aussahen, als würden sie zueinander gehören, und in diesem Moment wollten sie beide nichts anderes als das.

Der Mann hat Essen bestellt. Heiße *empanadas*. Der Kälte wegen, sagt er. Die Frau lächelt. Immer wenn er von Kälte spricht, lächelt sie. In ihrem Land liegt gerade Schnee, und sie erinnert ihn bei jeder Gelegenheit daran. Aber er weiß, dass sie das vor allem für sich tut. Sie kleidet sich wie eine *porteña*, isst morgens nichts mehr, abends viel. Zwischen alldem muss sie sich vielleicht vergewissern, dass ihr Alltag eigentlich ein anderer ist.

Noch immer ist der Regen undurchdringlich. Vor ein paar Wochen musste die Frau vom Fahrrad steigen, weil ihr Blick so verschwommen war, dass sie nicht weiterfahren konnte. Sie ärgert sich. Es ist so banal, an Tränen zu denken, wenn man in den Regen starrt.

»Es ist nicht traurig«, sagt der Mann. »Die Natur zwingt uns nur anzuhalten, sie lässt uns ihre Macht spüren.«

»Woher weißt du, was ich gerade gedacht habe?«

»Ich weiß es nicht, aber ich kann deine Gedanken fühlen. Kein Wunder, sie sind sehr kräftig.«

Schade, dass sie darüber erschrickt. Er liebt die Momente, wo seine Worte und ihre Gefühle sich treffen. Sekunden, die etwas entstehen lassen. Etwas, das lebt.

Ihr Blick verdüstert sich. Sie erinnert sich an etwas, irgendetwas weit außerhalb dieses Moments, er lässt sie in Ruhe, schaut den Veränderungen des Regens zu. Es blitzt. Er zählt die Sekunden, bis der Donner zu hören ist, kommt gerade bis drei.

Es war am zehnten September. Draußen hatte die Sonne geschienen. Ein guter Tag, um zu waschen und die Wäsche auf den Balkon zum Trocknen aufzuhängen. Das rote Spielzeugauto lag in der rechten Hosentasche. Sie hatte es auf den Küchentisch gestellt, als wäre es nichts anderes als die Münzen, die Martin vergaß, aus den Taschen zu nehmen, bevor er seine Sachen in den Wäschekorb warf.

Sie würde gern an etwas anderes denken.

Die *empanadas* werden serviert, und obwohl sie kochend heiß sind, beginnen beide sofort zu essen. »Schmeckt es dir?«, fragt sie.

»Alles, was ich mit dir esse, schmeckt.«

Eine ziemlich dumme Bemerkung fällt ihr ein, die man bei ihr zu Hause als Witz verstehen würde. Sie unterdrückt es. Sucht seinen Blick. Das Glück ist noch da.

Er zwinkert ihr zu. Arrogant, beschützend, besitzend und zärtlich.

Die Art, wie Martin das kleine Auto ansah, hatte alles verändert. Ein Blick wie bruchsicheres Glas. Dass er dann nicht zu ihr, sondern aus dem Fenster sah, genügte, um zu wissen, dass es vorbei war. Sein Geständnis waren Informationen, die sie nicht interessierten. Dass es nicht sein Kind war, dass er ihr diese Beziehung verheimlichen wollte, weil er wusste, wie sehr es sie treffen würde. Sie wurde nicht schwanger. Kein Arzt fand heraus, weshalb. An den Männern konnte es nicht liegen. Ihre Beziehungen hielten nie lange. Martin war der Erste, mit dem sie länger als zwei Jahre zusammen war. Aber dann war es doch nur eine Geschichte wie alle vorherigen gewesen. Überschaubar, mit einem Anfang und einem Ende. Es ging alles sehr schnell. Sie musste ihn nur noch darum bitten, sich zu entscheiden. Noch am selben Tag war er ausgezogen. Eine Woche hatte es gedauert, bis sie zum ersten Mal aus dem Haus ging. Und dann war sie nach ein paar Metern vom Fahrrad gestiegen, weil sie nichts mehr sah.

Der Mann beobachtet ihr Gesicht. Gleich wird sie weinen, denkt er. Doch stattdessen holt sie tief Luft, um zu sprechen. So etwas versteht er nicht.

»Wie kann man ein ganzes Leben mit dem Gedanken leben, dass einem das Wichtigste fehlt?«, fragt sie, ohne ihn anzusehen.

Der Mann kennt ihre Geschichte, dennoch fragt er: »Was meinst du?«

»Kinder«, antwortet sie.

»Aber sie fehlen dir nicht. Du vermisst sie. Du stellst dir vor, wie deine Kinder aussehen könnten, wie es sein könnte, wenn sie am Morgen zu dir ins Bett kriechen. Sie sind etwas, wonach du dich sehnst. Etwas, das uns im Leben fehlt, vermissen wir nicht, denn das wäre etwas, das wir uns nicht einmal vorstellen können.«

Sie starrt in den Regen. Trotzig.

Leise, aber bestimmt fährt er fort: Andere Frauen wischen ihren Kindern den Po ab und streiten sich mit den Vätern um Geld. Du lebst mit deiner Trauer, dass deine Kinder nicht zu dir gefunden haben, mit dem Wissen, dass du von Jahr zu Jahr älter wirst, und die Chance immer geringer wird, noch eins zu bekommen. Aber fehlen sie fehlen dir nicht, bloß weil du ihnen den Hintern nicht abwischen kannst.«

Brüllend fällt der Regen über die Wiese her. So, wie er es seit einer Stunde tut.

»Ich will nicht so leben, wie ich lebe«, sagt sie.

»Wie lebst du denn?«

»Allein. Und mit dem Gefühl, dass sich nichts mehr verändert.«

»Du kannst hier bleiben.«

»Bei dir?«

»Ja, warum nicht?«

Er hat es nur gesagt, weil er sicher sein kann, dass sie darauf niemals eingehen wird, denkt sie. Sie antwortet ihm ohne Vorwurf: »Es geht nicht.«

»Es ist deine Entscheidung. Alles, was geschehen ist, hast du entschieden.«

Sie fährt herum, als hätte er gesagt: »Es ist deine Schuld, dass dich alle Männer so früh wieder verlassen haben.« Aber das hat er ja nicht gesagt.

»Du bist nach Argentinien gekommen, weil du einen Sinn in dem suchst, was passiert ist. Andere Frauen suchen keinen Sinn, sie adoptieren ein Kind.«

»Den Behörden bin ich dafür zu alt, und wenn man ledig ist, geht das sowieso nicht.«

»Du kannst eine Scheinehe eingehen, du kannst darum kämpfen. Wenn du es unbedingt willst, bekommst du es.«

»Du hast recht, ich kann es zumindest versuchen.«

»Du wirst es nicht tun.«

Mit der Wut des Regens blickt sie ihn an. »Warum sagst du so was?«

»Du hast Talent zum Alleinsein. Das ist ein Geschenk. Und es scheint, dass du es allmählich annimmst.«

Ein Fluch zittert auf ihren Lippen. Sie schluckt. Diesem Mann gegenüber kann sie einfach nicht unhöflich werden.

Er lächelt, so dass sich die Grübchen neben seinem Schnurrbart vertiefen.

»Außerdem stimmt es nicht, dass sich nichts verändert. Jetzt bist du eine Frau, die eine Geschichte mit mir erlebt. Das wird von nun an zu dir gehören. Wenn du zurück bist, wirst du mich vermissen, jede Nacht, jeden Tag. Bis du eines Morgens aufwachst und an etwas anderes denkst. Dann werde ich dich langsam wieder verlieren. Ich werde dir fehlen, aber davon wirst du nichts mehr spüren.«

Sie isst die Reste von ihrem Teller und trinkt wortlos ihren Wein aus.

»Es war deine Wahl, mich zu treffen. Du musstest nicht noch einmal ins ›Estrella‹ gehen. Was danach kam, war Glück.«

»Aber ich werde allein zurückfliegen.«

»Daran kannst du denken, wenn es so weit ist.«

Über das Geländer eilen Flecken aus Licht. Die Regentropfen beginnen in der Sonne zu glitzern.

In drei Tagen muss der Mann in die Stadt zurück. Von ihm aus könnte der Regen sie bis dahin auf dieser Veranda festhalten.

»Egal, was passieren wird, aber diesen Moment, der gerade geschieht, werde ich niemals vergessen«, sagt die Frau. Es sind seine Gedanken, ausgesprochen mit ihrem Akzent.

An der anderen Seite des Tisches ist sie ihm nah wie nie zuvor. Sie schauen dem Nachlassen des Regens zu.

Die Lichtflecken werden größer, streifen über das Gras vor dem Haus wie hungrige Tiere. Die Frau wirft das Tischtuch von den Schultern, läuft hinaus auf die Wiese und lacht dem Mann zu. Eine Frau, die nie Mutter sein wird und die sich über den Wechsel des Wetters freut wie ein Kind. Er fühlt sich um Jahrzehnte älter als sie.

Der Kellner bringt die Rechnung. Sie benetzt ihre Hände am Gras, läuft zurück und legt dem Mann die feuchten Finger an seine Wangen, küsst ihn, während der Kellner steif und förmlich danebensteht. Es macht ihr Spaß, beide zugleich in Verlegenheit zu bringen.

Als der Kellner das Wechselgeld bringt, erzählt er, der Bach sei während des Regens so angeschwollen, dass sie nicht zurückgehen könnten. Sie sehen sich das Ufer an. Der Steg, über den sie gekommen sind, ist unter der Strömung verschwunden, der Wasserdruck so groß, dass es genügen würde, einen Fuß hineinzusetzen, um mitgerissen und gegen den nächsten Felsen geschleudert zu werden. Der Kellner zeigt ihnen den Weg bis zur nächsten Brücke. Schon brennt die Sonne wieder auf ihrer Haut und das Blau hat den Himmel zurückerobert. Einzig den Wassermassen sieht man noch an, wie stark es gerade geregnet hat.

»Als würden wir nicht nur einen, sondern mindestens drei Tage zugleich erleben«, sagt der Mann und freut sich über diesen Gedanken.

Der Umweg ist lang, und in der Hitze ist jeder Schritt mühsam. Es wäre anstrengend, miteinander zu reden. Und es ist auch nicht notwendig. Der Moment, den sie auf der Veranda erlebt haben, schwingt zwischen ihnen, wie etwas Drittes, das in ihrer Mitte geht.

Es ist schon Abend, als sie an derselben Felsplatte ankommen, die sie Stunden zuvor verlassen haben. Sie breiten ihre Decken aus, legen sich nebeneinander, Hand in Hand. Die Wärme der untergehenden Sonne liegt auf ihrer Haut. Seit dem Morgen haben sie nicht miteinander geschlafen. Wenn sie zurück im Pensionszimmer sind, werden sie die Tür schließen und ihre Körper freilassen. Sie denken gleichzeitig daran. Sie haben beide die Augen geschlossen.

»Wie schön du bist.«

»Weil du mich ansiehst.«

Schlechte Wellen

Das Meer war gekränkt. Wir beachteten es nicht. Einzig ein paar unserer Kinder verließen den warmen, trockenen Sand, um kleine Sprünge in seinen Wellen zu machen. Mit schmerzverzerrten Gesichtern eilten sie alsbald zu ihren Müttern zurück, die, ein Handtuch zwischen den offenen Armen, bereitstanden, um den frierenden Nackedei einzuhüllen und als raupenähnliches Gebilde zum Trocknen in den Sand zu legen.

Das war dem Meer zu wenig und es hatte beschlossen, uns auf den Leib zu rücken. Aber unsere Ignoranz war stärker. Vielleicht hatte jemand von den Alleinreisenden etwas bemerkt. Jemand, der nicht damit beschäftigt war, Mate aufzugießen, Kinder einzucremen, die Holzscheiben auf dem Sand neu zu ordnen oder der Mutter zu erklären, warum die Scheidung unvermeidlich sei. Jemand, der nicht mit der besten Freundin herausfinden musste, welcher der anständigste unter den Jungen war. Und jemand, der nicht in einer stummen Gruppe von Jungen herumstand und den bronzefarbenen, gymnastikelastischen Körpern der Mädchen Bewunderung zollte. Jemand, der auch nicht zu einer der Gruppen gehörte, wo die Geschlechterfronten bereits durchbrochen waren und katzenfaule Mädchenrücken von erwachenden Jungenhänden belagert wurden, während die Gesichter Langeweile logen.

Und wenn dieser Jemand nicht gerade die Augen geschlossen hatte, um sich in seine Einsamkeit zu ergeben und die Sonne auf seiner Haut mit blindem Bewusstsein zu feiern, sondern aus purer Einfallslosigkeit aufs Meer geschaut hatte, hatte er vielleicht bemerkt, dass im Anbranden und Rückwärtsrollen der Wellen eine bedrohliche Veränderung vonstatten ging. Wer auch immer es gewesen sein könnte, niemand von uns nahm ihm später übel, dass er die Übrigen nicht gewarnt hatte.

Er hatte sich damit nur an die Gesetze der Schönheit gehalten. Wir lagen dermaßen dicht nebeneinander, dass wir darauf verzichteten, miteinander zu reden. Auf der Straße sprach sofort jeder mit jedem, aber am Strand ersetzten wir den fehlenden Abstand durch Nichtbeachtung. Insofern ist es gleichgültig, ob jemand uns gewarnt hat oder nicht, wir nehmen an, dass die Angesprochenen die Warnung sowieso nicht vernommen hätten. Wie sollten sie auch, wenn sie selbst das Brüllen sich brechender Wellen überhörten. Warum wir trotzdem alle überlebten, ist schwer zu erklären.

Sobald die kalten Wasserzungen an unseren Handtüchern leckten, erhoben sich Mädchen, Jungen, Mütter und Väter wie Schlafwandler, die zwar ihr Bett verlassen, aber im Gehen das Kopfkissen mitnehmen. So erhoben wir uns und henkelten, ohne einen Hauch von Eile, unsere Schirme und Taschen, Kühlboxen, Thermoskannen und Kinder unter die Arme, und bevor uns die nächste Welle ins Meer schleudern konnte, setzten wir den lebensrettenden Schritt auf die Düne und gingen bedächtig von dannen. Für die Pärchen war es Zeit, in den Hotelbetten zu verschwinden. Die Sonnenwärme ihrer Körper drängte nach Vollendung. Die Kinder gehörten in den Siesta-Schlaf und die Kellner hatten lang genug neben den leeren Tischen auf ihre Gäste gewartet. Es war an der Zeit, dass ihnen jemand seine Wünsche mitteilte.

Mit jeder Welle stürmte das Meer entschiedener den Sand hinauf, der Steilküste zu, wo die grünen Papageien in den Höhlen saßen und das Wasser, das so lange ferngeblieben war, mit ihren Schreien begrüßten.

Im Grunde hätte auch nur eine einzige Familie eine Warnung benötigt. Aber das war eine Familie, die unserer Auffassung von Schönheit so sehr widersprach, dass wir sie eigentlich gar nicht wahrgenommen hatten, bis auf eine Szene, die wir selbst bei liebenswürdigstem Desinteresse nicht übersehen konnten. Der Mann, ein Vieh, dessen kleiner, runder Kopf wie von ständiger Verstopfung gepeinigt schien, trug seinen krebsroten Bauch wie einen überdimensionierten Reichsapfel vor sich her. Seine Frau hatte einzig im Gesicht markante Formen, Nase und Mund waren fein gezeichnet, die Augen hübsch geschminkt. Der Rest waberte auf einem niedrigen Strandklappstuhl, weißes Zellulitis-Fleisch, das über die Armlehnen quoll wie ein Pudding für hundert Familien, eingeschweißt in eine Gummihaut von der Farbe eines Badeanzugs. Diesem weiblichen Wesen zu Füßen lag ein kleiner Junge, nackt, rosig und schmuddelig und kaum vom Sand zu unterscheiden. Die beiden schliefen, bis sich der Mann mit seiner Reichsapfelwanne vor sie hinstellte und brüllte: »Na los!« Zur Bekräftigung brach sich eine neue Welle am Strand. Mit unerträglicher Langsamkeit öffnete die Frau die Augen und sah ihren Herrscher an. »*Vamos*«, wiederholte der. Sie antwortete mit einer lautlosen Bewegung der Lippen und ließ die Lider wieder sinken. Wir wussten, dass der Mann, egal, was sie tat, nur sein »*Vamos*« wiederholen würde. Insofern war ihre Reglosigkeit die perfekteste Art, sich zu widersetzen. Doch wir hatten seine Brutalität unterschätzt. Er stürzte vor, um seine Frau aus ihrem Stuhl zu reißen. Das Geschehen weckte grässlichste Vorstellungen davon, was diese Kolosse miteinander trieben, wenn sie unbeobachtet waren. Die Frau stand vornübergebeugt auf bebenden Beinen, der Strandstuhl schlingerte an ihrem Hintern, während der Mann an ihren Armen zerrte. Unter den halb geöffneten Lidern rollten ihre Augen von unsäglicher Bedrückung ergriffen hin und her, aber sie rührte sich nicht von der Stelle. Schließlich warf der Mann ihre Arme hoch und zerrte das Kind aus dem Sand. Die Verzweiflungsschreie des Kleinen ließen den gesamten Strand erschauern, dennoch trug ihn die Bestie von Vater ins nahende Meer. Die Mutter fiel mit dem Klappstuhl am Hintern zurück in den Sand.

Als der Mann zurückkam, lag das geöffnete Handtuch auf ihren Schenkeln bereit. Er klatschte das verheulte Kind darauf, und zwischen ihren riesigen Brüsten verklang allmählich das Wimmern des Kleinen.

Zufrieden grunzend legte sich der Mann in den Sand und schob seinen Kopf in den Schatten des Klappstuhls. Für uns alle sichtbar, stieß das Vieh seine feste Nase durch den Leinensitz in den Hintern der Frau, und als wäre das nicht genug, langte er mit einer einzigen Armbewegung nach dem Kind auf ihrem Schoß, schleuderte das Handtuch fort und legte sich den Nackedei auf die behaarte Brust, um mit seiner Pranke in den rosigen Wülsten des Kleinen zu kraulen. Als die Wellen kamen, waren alle drei eingeschlafen.

Später, als sich das Meer mit den grünen Papageien unterhielt und wir die Beine von der Veranda des Klippenrestaurants ins Wasser baumeln ließen, entdeckten wir in der Ferne etwas Rundliches, das in den Wellen schaukelte und uns an die Farbe unserer Sonnenbrände erinnerte.

Inzwischen hatte sich ein fahrender Sänger zu uns gesellt. Wie die musikalischen Vorfahren Carlos Gardels beherrschte er noch die Kunst, das aktuelle Geschehen auf dem Lande aus dem Stegreif zu kommentieren. Melancholisch lauschten wir seinem Gesang über ein Menschenopfer zu Ehren des Meeres, während der rote Bauch des Mannes in den Wellen des Atlantiks verschwand.

Am Abend, als sich das Wasser wieder hinter die Muschelbänke zurückgezogen hatte, fanden die Kinder zwischen Seetang und kristallisierten Austern einen niedrigen Strandklappstuhl, der niemandem mehr gehörte.

Gardels Lächeln oder Der Tod als Irrtum

Seit meiner Ankunft in Buenos Aires hatte ich mir vorgenommen, die Behauptung meines Reiseführers zu testen, man könne jeden Taxifahrer darum bitten, zum toten Carlos Gardel zu fahren. Es war Sonntag, an einem erbarmungslos blauen Himmel strahlte die Sonne, und selbst auf der *corrientes* war so gut wie nichts los. Als das Taxi neben mir hielt, ohne dass ich es herangewunken hätte, fiel mir die Sache mit Gardel wieder ein. Tatsächlich, der Fahrer wunderte sich nicht. »Das Mädchen will zum Stummen«, rief er, und kaum hatte ich auf dem Rücksitz Platz genommen, fügte er hinzu: »Er singt mit jedem Tag besser.«

Er lachte, als wüsste er, dass mein Reiseführer seinen Ausspruch als einen der beliebtesten des argentinischen Volksmunds erwähnt. Während ich darüber nachdachte, was zuerst da war, der Volksmund oder das Zitat in den Reiseführern, erreichten wir die Chacarita, einen Friedhof, der nicht nur die Größe, sondern auch das Aussehen einer kleinen Stadt hat. Die besser gestellten Toten residieren hier in wahren Palästen. Auf endlosen Alleen rollten wir an den kleinen Prachtbauten vorüber. Gardel bewohnt im Vergleich zu seinen Nachbarn ein ziemlich bescheidenes Haus. Und er ist der Einzige, der höchstpersönlich in Form einer Bronzestatue und mit lächelndem Gesicht davorsteht, um seine Gäste zu empfangen. Anstelle einer Kerze solle ich zwei Zigaretten anzünden, erklärte mir der Taxifahrer, eine davon Carlito zwischen die Finger stecken und die andere selbst rauchen. Nur so würde sein Lächeln erhalten bleiben. Während ich zwei Zigaretten drehte, dachte ich an Borges, der mal gesagt hatte, das Flugzeug, in dem der Tangosänger saß, sei irrtümlicherweise abgestürzt. Es war typisch für Borges, dass er nicht verriet, wer sich geirrt haben soll. Ich steckte Carlito eine Filterlose in die Hand und fragte ihn selbst. Lag der Irrtum bei ihm, als er vom Volkslied- zum Tangosingen überging, oder bei den Plattenfirmen, die ihn von einem Konzert zum anderen jagten, oder hatte vielleicht sein Gott eine vorübergehende Ermattung als Lebensmüdigkeit missverstanden? Der Stumme lächelte eisern vor sich hin und ließ meine Zigarette fallen, obwohl sie erst zur Hälfte verglommen war. Er war wohl Besseres gewöhnt.

Mein Taxi hatte sich längst aus dem Staub gemacht. Die Friedhofsstraßen lagen da wie ausgestorben. Ich begann, den Ausgang zu suchen, aber in Orientierungsdingen bin ich ein hoffnungsloser Fall. Nach einer Weile gelangte ich an eine Mauer, in der eine Pforte offen stand. Erleichtert ging ich hindurch, doch anstelle einer Straße bot sich mir ein seltsam vertrauter Anblick – bunt bepflanzte Gräber, jedes mit einem kargen Gedenkstein besetzt. In Gold oder Schwarz las ich Namen wie Osvaldo Müller oder Juan Lehmann. Die obdachlosen deutschen Toten taten mir Leid. Es war sehr heiß und die Stiefmütterchen vertrockneten auf der bloßen Erde.

Schnurgerade zogen sich die Gräberreihen dahin. Nicht weit entfernt wurde diese Geometrie von einer Versammlung Lebender durchbrochen. Männer und Frauen, deren helle Sommerkleidung im Kontrast zu der steifen Haltung stand, die sie eingenommen hatten. In der Mitte leuchteten blaue Marineuniformen und schneeweiße Matrosenmützen. Vor einem Holzkreuz, das mit einem Blumenkranz behängt war, hielt ein kleiner alter Herr eine Rede.

In der hinteren Reihe drehte sich plötzlich ein Mann um, als habe er mein Herannahen gespürt. Als er mich entdeckte, löste er sich aus der Menge und kam auf mich zu. Er schien nicht viel älter als ich zu sein. Aber er war groß, so groß, dass mir war, als stünde ein Hüne vor mir. Mit finsterer Miene sagte er etwas auf Spanisch zu mir.

»*No entiendo*«, erwiderte ich. »*Alemana.*«

Da veränderte der große Mann seine Haltung. Fast zärtlich beugte er sich zu mir herab und flüsterte aufgeregt: »Eine Deutsche, nun, dann bist du natürlich herzlich willkommen. Mein Name ist Federico. Komm näher. Wir feiern gerade das Gedenken an eure Helden.«

»Was für Helden denn?«, fragte ich, ebenfalls flüsternd. »Aus Deutschland? Und die liegen jetzt hier?«

Er richtete sich wieder auf und sah mich prüfend an. »Panzerkreuzer Graf Spee«, sagte er. Bei mir löste das gar nichts aus. Ich entschuldigte mich damit, dass ich in meiner Kindheit nur mit Helden konfrontiert wurde, die Pawel Kortschagin hießen oder Gagarin oder vielleicht auch Tamara Bunke. Wortlos wandte Federico sich um, ließ aber zu, dass ich ihm folgte, bis wir den äußeren Ring der Ansammlung erreicht hatten und ich nun auch den kleinen alten Herrn vor dem Holzkreuz verstehen konnte. Er hielt seine Ansprache auf Deutsch.

»Hör gut zu«, flüsterte Federico. Da ich ohnehin nichts anderes vorgehabt hatte, nickte ich gehorsam. »Es geht um die Schlacht am Río de la Plata, die im September 1939 hier stattgefunden hat«, erklärte er mir leise und richtete sich dann endgültig auf, um über die Köpfe der vor ihm Stehenden hinweg auf den Redner zu blicken. Der erzählte von den Fahrten des Panzerkreuzers auf seinem Siegeszug gegen die englische Handelsflotte. Der Begriff der humanen Kriegsführung fiel. Ein Begriff, der genauso paradox war wie das, was in der Rede des Mannes folgte. Immer wenn es gelungen sei, ein englisches Schiff zu versenken, habe man die Überlebenden der Gegenseite an Bord genommen.

»Dieselben, auf die die Besatzung kurz vorher noch geschossen hat?«, fragte ich meinen neuen Freund.

Federico nickte stolz. »Das Kriegsrecht lässt diese Handlungsweise offen. Der Kapitän soll sogar das Leben der eigenen Besatzungsmitglieder aufs Spiel gesetzt haben, um die Ertrinkenden zu retten.«

Es war sehr heiß. Oft versteht man die Dinge ja nur nicht, weil man es an Aufmerksamkeit fehlen lässt, dachte ich und versuchte mich zu konzentrieren.

Der Redner kam zum Ende der Kampfhandlungen. Bei einem Überraschungsangriff konnten die Briten den deutschen Kreuzer gefechtsunfähig schlagen. Die Anwesenden auf dem Friedhof hörten mit stoischem Gleichmut zu. Entweder waren auch sie schon ganz matt von der Hitze oder sie hatten die Geschichte schon 59-mal gehört und die einzige Spannung bestand für sie in der Frage, ob der alte Herr sie genauso erzählte wie jedes Jahr.

So schlimm war es auch nicht, denn der humane Kapitän hatte dafür gesorgt, das Leben der Besatzung zu erhalten. Er nahm das Angebot des kriegsneutralen Argentiniens an, die Mannschaft zu internieren. In einer Nacht-und-Nebel-Aktion verließ die gesamte Mannschaft das Schiff und gelangte in Rettungsbooten in den Hafen von Buenos Aires.

»Dann ist doch alles prima gelaufen«, sagte ich zu Federico.

Er veränderte nicht das Geringste an seiner Haltung.

»Aber wozu hält man dann diese Gedenkfeier ab?«, bohrte ich weiter.

Vor mir stand eine Frau in einem sehr folkloristischen Kleid und schaute sich nervös nach mir um.

»Er ist ja noch nicht am Ende«, knurrte Federico, und ich nahm mir vor, ab jetzt den Mund zu halten.

So wichtig wie das Überleben der Kameraden sei dem Kapitän der Untergang des Schiffes gewesen, sagte der Redner, von dem ich inzwischen vermuten konnte, dass er zur ehemaligen Besatzung gehörte. Da es mit modernster Technik ausgerüstet war, sollte es auf keinen Fall in die Hände des Feindes gelangen, und so sei es am 17. Dezember auf den Río de la Plata hinausgefahren und dort gesprengt worden. Der Kapitän, vor dessen Grab wir standen, habe sein Leben mit dem seines Schiffes beendet. Aha, das war also der Clou. Um die Sprengung zu gewährleisten, musste jemand an Bord bleiben, und da Kapitäne immer die Letzten sein sollten, die das Schiff verlassen, hatte dieser Mann selbst das Kamikazeopfer gebracht.

Nun holte der Redner den Abschiedsbrief des Helden hervor und verlas seine letzten Worte. Er habe aller Welt zeigen wollen, »wie ein Soldat des Deutschen Reiches für sein Vaterland zu sterben versteht«, hatte der Kommandant geschrieben. Er habe sich geschworen, »bis zur letzten Kugel zu kämpfen« und sei entschlossen gewesen, »seine Pflicht bis zum Äußersten zu erfüllen«.

Abgesehen von diesem pathetischen Abschiedsbrief verspürte ich Respekt vor der Selbstlosigkeit des Mannes.

Die Dame im Folklorekleid drehte sich ihrem Nachbarn

zu und flüsterte: »Er sagt ja gar nicht, dass sich Papa im Hotelzimmer erschossen hat.«

»Nein, das sollten wir Ihrem toten Herrn Vater auch nicht antun«, erwiderte der Angesprochene leise. »Und wir wissen doch alle: Ihr Vater verließ das Schiff nur, weil wir ihn dazu gezwungen hatten. Wir haben ja nicht geahnt, dass die Depression ihn in jener schwarzen Stunde überwältigen würde.«

»Es war keine Depression«, knurrte Federico. Aber die anderen taten, als hörten sie ihn nicht.

Eine Trompete, die im grellen Licht funkelte, versuchte sich in einer pathetischen Melodie und die Versammlung schien im Gedenken an den Kapitän zu erstarren. Der Redner beschloss die Andacht mit dem Hinweis, dass inzwischen auch die Engländer die Ehrenhaftigkeit der Selbstversenkung anerkannt hätten, weil jetzt ein Schotte eine Biografie mit dem Titel ›The Prince of Honor‹ verfasst hätte.

Dann bedankte er sich bei allen für ihr Erscheinen, insbesondere bei der Tochter, die zum sechzigsten Jahrestag des väterlichen Todes extra aus Deutschland angereist war.

Nachdem er dies gesagt hatte, bildete sich langsam und bedächtig eine Schlange vor der Dame im Folklorekleid. Da sie kein Spanisch verstand, kondolierte man ihr – Ironie des Schicksals – auf Englisch.

»I am an Argentinian man and want to say that your father was a real gentleman.«

War ich noch in der Stadt des Tangos, wo jedes Lied Abschied von falschen Hoffnungen nahm und wo Soldaten höchstens als arme Schlucker bedauert wurden?

Auch Federico hatte sich eingereiht. Ich hatte mich in den Schatten eines Baumes zurückgezogen, konnte aber hören, wie er sagte: »Ihr Vater war ein großer Mann. Vielleicht ist es gut, dass er so früh starb und von den Abscheulichkeiten dieses Krieges nie erfahren hat.«

Die alte Tochter sah zu ihm auf, als hätte er sie aus dem Halbschlaf geweckt.

Ich hätte schwören können, dass sie kurz davor war zu weinen. Aber dann verflog der Ausdruck kindlicher Traurigkeit aus ihrem Gesicht und sie reichte dem nächsten Besucher die Hand.

Federico trat zu mir in den Schatten.

»Was hast du eigentlich mit der ganzen Geschichte zu tun?«, fragte ich ihn.

»Mein Vater ist nach dem Krieg hierher gekommen.«

Ich schwieg betreten.

»Nein, nein, es ist nicht, wie du denkst. Mein Vater hat nichts gemacht. Wirklich nichts. Oder beinahe nichts. Das Einzige, was er getan hatte, war, sich mit siebzehn, schon zu Kriegsende, die Uniform eines Gefallenen anzuziehen und sich ein Gewehr zu besorgen. Aber er hatte noch nicht mal die Front erreicht, da haben sie ihn schon gefangen genommen«, erklärte Federico und das klang so deprimiert, dass ich versehentlich kichern musste. Federico ignorierte es einfach.

»Das Schlimmste ist, dass er mir erst kurz vor seinem Tod davon erzählt hat. Bis dahin wusste ich nichts von ihm, außer, dass er aus Deutschland eingewandert war.«

»Wovon hat er dir denn erzählt?«

Wir schwiegen und mir schien, als seien wir drauf und dran, uns im Wirrwarr moralischer Ungleichungen zu verirren.

Plötzlich brach es aus Federico heraus: »Er war nicht bloß ein Idiot, als er sich diese Uniform anzog.«

Natürlich war er das, wollte ich sagen, aber Federico

kam mir plötzlich vor wie ein moderner Hamlet, und ich wollte mich auf keinen Fall mit ihm anlegen.

»Damals müssen sie an etwas geglaubt haben, das es heut nicht mehr gibt«, fuhr er laut und heftig fort. »Etwas Wertvolles, das im Krieg endgültig kaputtgegangen ist. Aber dieser Kapitän, der hatte es noch.«

»Was denn?«

»Zumindest war er ein Held, auf den man sich verlassen konnte«, sagte Federico nach längerer Überlegung.

»Was ist daran heldenhaft, sich die letzte Kugel selbst zu geben, bloß weil kein Feind mehr in Sicht ist?«

»Er hat tausend Mann das Leben gerettet. Für die Engländer war das ein Akt der Feigheit.«

»Und um zu beweisen, dass es ein Akt des Mutes war, hat er sich erschossen?«

»Genau. Das musste er tun.«

Langsam wurde ich ungeduldig.

»*Was* musste er tun? Er musste auf britische Soldaten schießen, und dann musste er ihnen das Leben retten, er musste seinen Soldaten befehlen, ihr Leben zu opfern, und dann musste er ihr Leben erhalten, als Kapitän musste er sein eigenes Schiff versenken, und obwohl er Vater eines kleinen Mädchens war, musste er anschließend sich selbst umbringen? Das alles musste er also deiner Meinung nach tun?«

»Ja«, sagte Federico, und nun wurde sein Gesicht sehr ernst. »Und jetzt ist mir auch wieder bewusst geworden, warum. Wegen der Ehre.«

»Es tut mir Leid«, sagte ich. »Aber so was kann man wohl nur noch in Argentinien verstehen.«

»Mein Vater...«, Federico suchte nach Worten. »Er hätte es dir so gut erklären können ...« Dann schüttelte er nur noch ein paar Mal sprachlos den Kopf und bat, sich verabschieden zu dürfen. Er habe viel Arbeit in der Fleischerei, die sein Vater aufgebaut habe. »Wir schlachten zwei Mal die Woche und ich baue gerade ein Solardach aufs Haus. Außerdem müssen die Felder entwässert werden, die Expedition zu den Goldadern im Tropenwald fängt bald an, ich will noch ein paar Schmetterlinge für die Sammlung meiner Tochter fangen und der Schreibtisch für meine Frau ist auch noch nicht fertig.«

»Und zwischendurch musst du einem Heldentum nachtrauern, das es nie gegeben hat«, erwiderte ich.

»Ja, das muss ich. Mein Vater hat sich das nie gegönnt«, erwiderte Federico und ging mit gebeugtem Rücken durch die Gräberreihen davon.

Die Tochter aus Deutschland hielt noch immer Audienz. Ein kleiner Junge streckte ihr ein Kinderbuch hin, in dem in Bild und Text die Geschichte des Schiffes und seiner Besatzung beschrieben war. Sie schnörkelte ein Autogramm auf die erste Seite und strich dem Jungen dann mit einer sehr melancholischen Geste durchs Haar.

Auf dem Rückweg ging ich noch mal bei Gardel vorbei, um eine Zigarette mit ihm zu rauchen. Noch immer lächelte er darüber, dass sein Tod ein Irrtum war. Mir schien, als lächele er zum Trost für alle, bei denen es genauso schief gelaufen war. Vielleicht singt er ihnen ja jede Nacht seine langsamsten Tangos vor, damit sie gemeinsam über die Sinnlosigkeit ihres Schicksals weinen. Bestimmt ist es so, denn man sagt ja, Gardel singt mit jedem Tag besser.

Nostalgias

Der Reisewecker steht neben dem Bett. Es ist kurz vor zwölf, durch das offene Fenster weht ein warmer Wind, der wieder einen heißen Tag ahnen lässt. Zum ersten Mal seit seiner Ankunft ist Sebastian so früh aufgewacht. Letzte Nacht war er in einem Dance Club. Wie jede Nacht, seit er hier ist. Er hat ein Mädchen kennen gelernt, mit ihr getanzt, getrunken, geplaudert. Auch das ist ihm bis jetzt jede Nacht gelungen.

»Du bist jung, du bist aus Europa und du sprichst fließend Spanisch. Ist doch klar, dass wir dich mögen«, hatte das Mädchen gestern gesagt. Sebastian hatte angefangen, sich mit ihr zu langweilen. Deshalb war er früher als sonst nach Hause gegangen.

Aber wie jeden Tag wacht er auch heute mit einem Glücksgefühl auf. Er ist froh, dass er es durchgezogen hat. Ein halbes Jahr will er mindestens bleiben. Was er danach tun wird, weiß er noch nicht. Es wird sich ergeben. Das Wichtigste ist erst mal, weit weg zu sein. Weit weg von seinem Vater, der ihm noch auf dem Weg zum Flughafen erklären musste, dass er seinen Sohn nicht verstehe. Es sei Wahnsinn, den Job bei Mercedes zu kündigen. Sebastian hatte ihn bekommen, obwohl er nur vier Semester studiert hatte; schon nach zwei Jahren gehörte er zu den Spitzenverdienern.

»Ich bin fünfundzwanzig und da macht es nun mal keinen Sinn, jede Menge Geld zu verdienen, ohne dass ich es ausgebe«, hatte er dem Vater erklärt.

Man könne Geld auch ausgeben, ohne es zu verjubeln, bekam er zur Antwort.

»Reisen bildet«, sagte Sebastian. Der Vater lachte. Es war ein verständnisloses Lachen. So verständnislos, dass Sebastian froh darüber war, dass sie den Flughafen erreicht hatten.

»Außerdem wollte ich schon immer meinen Onkel kennen lernen«, fügte er hinzu.

»Das kannst du deiner Großmutter erzählen.«

Diesmal verstand Sebastian den Alten. So wie er nur der Mutter zuliebe seinen Sohn zum Flughafen fuhr, hatte Sebastian der Mutter versprochen, Onkel Toni zu besuchen. Der Onkel war ein Cousin von ihr. In ihrer Kindheit, in den Nachkriegsjahren, hätten sie immer Pakete aus Argentinien bekommen, mit Lebensmitteln, Wollpullovern und anderen nützlichen Sachen. Die Kinder hätten selbst gemalte Bilder hin und her geschickt und später als erwachsener Mann sei Onkel Toni auch einmal in Stuttgart gewesen und habe sie besucht. Da war Sebastian gerade geboren. »Was meinst du, wie der sich freuen wird, wenn er dich jetzt als erwachsenen Mann wiedersieht. Er hat sich immer so sehr gewünscht, dass mal jemand von uns runterfliegt. Versprich mir, dass du ihn besuchst, ja?«

Er hatte es versprochen.

»Warum nicht mal eine kleine Abwechslung zu den argentinischen *chicas*?«, fragt Sebastian in das leere Pensionszimmer hinein, schwingt sich aus dem Bett, trinkt in der Küche ein großes Glas Wasser und holt sich das Telefon aus dem Flur.

Das Erste, was ihn der Onkel fragt, ist, ob er schon zu Mittag gegessen habe.

Ich wäre froh, wenn ich schon gefrühstückt hätte, denkt Sebastian. Er verneint.

Nun, dann solle er doch gleich kommen. Er und Tante Hilde würden mit dem Essen auf ihn warten. Sebastian sagt zu. Die Aussicht, schon am Abend wieder zurück zu sein, ist reizvoll genug.

Onkel Toni und seine Frau wohnen in San Isidro, einem Vorort, den man mit der S-Bahn erreicht. An jeder Station steigen neue Bauchladenverkäufer ein und bieten vom Zehnerpack Filzstifte bis zum Miniradio für zwei Pesos eine Menge Sachen an, die vielleicht einer von hundert Fahrgästen zufälligerweise gerade gebrauchen kann.

Während schmuddelige, niedrig gebaute Vororte an den Fenstern vorübergleiten, versucht Sebastian sich an das zu erinnern, was er über die Geschichte seines Onkels weiß. Seine Eltern folgten nach dem Ersten Weltkrieg den Lockmanövern eines Deutschen, der ihnen im Norden Argentiniens Land und großen Wohlstand versprochen hatte. Das Land hatte sich dann als dichter Urwald erwiesen, der mühevoll abgeholzt werden musste, bevor man Teeblätter und Früchte anbauen und von deren Verkauf halbwegs leben konnte. Fast alle Dorfbewohner waren Deutsche gewesen. Man sprach nur deutsch, und Toni, der als jüngstes Kind dort geboren wurde, war auch auf eine deutsche Schule gegangen. Später zog die Familie nach Buenos Aires, wo er bei Siemens gelernt und bis zur Pensionierung als Ingenieur gearbeitet hatte. Seine Frau Hilde ist ebenfalls Deutschargentinierin. Ihre beiden Söhne sind älter als Sebastian und leben in den USA.

Als der Zug in San Isidro einfährt, entdeckt Sebastian sofort den gedrungenen Mann, der die aussteigenden Passagiere mustert. Er hat die Hände in die Hüften gestemmt. Als Sebastian auf ihn zugeht, muss der Onkel zu ihm aufschauen. Er lässt die erhobenen Arme wieder sinken und gibt Sebastian die Hand.

»Sieh mal an«, sagt er. »So ein großer Neffe. So ein großer Neffe aus Deutschland.«

Seine Haut ist sonnengebräunt. Er schwitzt aus allen Poren.

»Was für eine Hitze«, stöhnt er.

»Ich finde es toll, dass es so warm ist.«

»Das ändert sich, wenn du länger hier bist. Bei euch fürchtet man die Kälte. Hier haben alle nur Angst vor der Hitze. Es ist eben alles umgekehrt.«

Er lacht, und weil Sebastian nicht unhöflich sein will, lacht er mit.

Sie biegen in einen breiten Sandweg ein. Der Onkel entschuldigt sich, solche Straßen gäbe es in Deutschland sicher längst nicht mehr.

»Man muß ja nicht alles zubetonieren«, erwidert Sebastian. Irritiert sieht Onkel Toni ihn an. Das entstandene Schweigen lässt sich leicht ignorieren, denn schon bald haben sie das Grundstück erreicht. Onkel Toni öffnet ein breites Tor. Ein frisch gemähter Rasen breitet sich vor ihnen aus, an dessen Ende unter Bäumen ein Flachbau mit großen Fenstern steht. Eine hagere Frau erscheint auf der Veranda und kommt ihnen auf dem Kiesweg entgegen.

»Da ist er, unser Neffe«, ruft der Onkel ihr zu.

Tante Hilde gibt Sebastian die Hand. »Was für schöne blonde Haare«, sagt sie ernst. »Und blaue Augen hat er auch. Ein richtiger Arier.«

Hier scheint man eine solche Bemerkung offenbar nicht peinlich zu finden. Sebastian folgt den beiden ins Haus. Dessen Einrichtung hätte er eher in den Alpen als in Südamerika erwartet. Hirschgeweihe und Gebirgsbilder hängen an den Wänden. Ein Weihnachtsbaum aus Plastik steht auf dem Fernseher. Aber der Lichterglanz will im voll klimatisierten Raum nicht so recht zur Wirkung kommen. Auf dem Tisch glänzt Porzellan mit Goldrand. Sie setzen sich. Eine Frau von etwa fünfzig Jahren erscheint in der Tür und rollt einen Servierwagen heran. Sie trägt eine weiße, glatt gebügelte Schürze, die am Rücken mit einer großen Schleife zusammengebunden ist. Ihr volles graues Haar hat sie mit Kämmen am Kopf festgesteckt. Als Sebastian sie anlächelt, schaut sie weg. Sie beginnt, das Essen aufzutragen. Noch nie in seinem Leben ist Sebastian in einem Wohnzimmer bedient worden. Es ist ihm peinlich, dass die Frau ihm eine Hasenkeule auf den Teller legt und das Fleisch vor seinen Augen von den Knochen löst. Toni und Hilde verhalten sich, als wäre sie gar nicht da. Vielleicht ist das ihre Art von Respekt vor ihr, denkt Sebastian und hebt sein Glas zu den beiden anderen, die schon über der Mitte des Tisches schweben.

»Auf Deutschland«, sagt der Onkel. Stumm führt Sebastian das kristallgeschliffene Glas zum Mund. Der Wein liegt samtig und schwer auf der Zunge.

Das Dienstmädchen verschwindet wieder hinter der Tür und eine Weile ist nur das Klappern der Bestecke auf dem Porzellan zu hören. Endlich fragt der Onkel, was Sebastian nach Argentinien geführt habe. Sebastian hält das Versprechen, das er seiner Mutter gegeben hat, und sagt, er würde bei einer Computerfirma ein Auslandspraktikum machen.

»Prima, mein Junge«, kommentiert Onkel Toni. »Es fehlt uns so sehr an Fachkräften aus der Heimat.«

Sebastian fällt nichts ein, was er darauf antworten könnte.

»Nicht, dass ich was gegen die argentinischen Kollegen habe«, sagt Toni. »Aber ein Deutscher hat nun mal seine eigenen Werte und stellt deswegen gern seinesgleichen ein. Und man kann doch nichts dafür, wenn die einheimischen Betriebe nicht laufen und das Kapital immer aus Europa kommen muss.«

Und man kann ja auch nichts dafür, dass die Schuldenlast das Land gezwungen hat, den letzten Rest eigener Industrie zu verkaufen, hört Sebastian sich in Gedanken antworten, und dass man sich eine korrupte Regierung zunutze machen kann, um die Preise noch weiter nach unten zu drücken. Er hat in den letzten Tagen die unglaublichsten Geschichten vom Ausverkauf des Landes gehört. Aber das Essen und der Wein haben ihn träge gemacht. Und trotz der Klimaanlage liegt die Schwüle des Januartags schwer im Raum. Sebastian lobt das Essen.

»Das hat Marsela nach einem Rezept meiner Mutter gekocht«, erklärt Tante Hilde.

Sie reden noch eine Weile darüber, was man denn jetzt in Deutschland so esse. Das Gespräch schleppt sich dahin und Sebastian ist froh, als Tante und Onkel nach dem Essen mitteilen, sie wollten sich zur Siesta zurückziehen. Während Marsela in der Küche die Spülmaschine einräumt, breitet er auf dem Rasen eine Decke aus. Trotz Tante Hildes Warnungen will er sich sonnen. Er schließt die Augen. Lila Kringel tanzen hinter seinen geschlossenen Lidern. Jetzt ahnt er, warum seine Mutter gesagt hat, er solle Toni niemals erzählen, dass er nur Zivildienst geleistet hat. Bald schläft er ein. Beim Aufwachen hat er Kopfschmerzen. Onkel Toni steht in weißen Bermudahosen auf der Terrasse und ruft ihm zu, dass sie nach dem Kaffee eine kleine Spazierfahrt machen würden. »Reine Männersache«, sagt er und es sieht ziemlich komisch aus, wie er dabei seinen Bauch hervorstreckt und die Hände in den Rücken stemmt.

Beim Kaffee stellen ihm weder Tante noch Onkel Fragen und er selbst, geplagt von seinen Kopfschmerzen, kommt über ein »Ihr habt's wirklich schön hier« auch nicht hinaus. Toni wirkt seltsam gehetzt, und kaum hat er seinen Kaffee ausgetrunken, schnellt er von seinem Gartenstuhl auf und stapft zur Garage.

»Aber dann hab ich doch kaum was von dem Jungen gehabt!«, ruft Hilde ihm nach.

»Kannst ja morgen einen *asado* machen«, ruft Toni zurück und verschwindet unterm heraufschwebenden Garagentor.

»Dann kommst du morgen noch einmal?« Zum ersten Mal sieht Sebastian sie lächeln. »Ja«, sagt er und beruhigt sich damit, dass er ja auch wieder absagen kann.

Ein Landrover rollt auf den Kiesweg. Kaum hat Sebastian sich hinaufgeschwungen, fahren sie los. Im Rückspiegel sieht er die Tante auf dem Rasen stehen und winken, bis sie aus dem Spiegel kippt. Der Rover schaukelt über den Feldweg und erreicht bald eine asphaltierte Straße.

Sie sind schon eine Weile gefahren, als der Onkel mit einem Mal in die Ferne deutet und sagt: »Schau, da hat der Eichmann als Verwalter auf einer Kaninchenfarm gearbeitet. Soll ein netter Kerl gewesen sein. Bisschen verschlossen, aber sehr zuverlässig.«

»Er ist ja auch nicht wegen seiner Unzuverlässigkeit verurteilt worden«, entgegnet Sebastian. Onkel Toni tut so, als habe er es nicht gehört. Sie haben eine Schnellstraße erreicht, und er ordnet sich ganz links ein. Plötzlich fängt er an, mit der Faust rhythmisch auf das Lenkrad zu schlagen und singt: »Bambam, Bambaram, Bambam.« Dann unterbricht er sich selbst. »Weißt du, hätte ich nicht diese gute

Stelle bei Siemens gehabt, wir wären bestimmt nicht hier geblieben. Die Argentinier sind ein schwieriges Volk.«

»Bist du denn kein Argentinier?«

»Na, du fragst Sachen. Sehe ich denn aus wie ein Gaucho?«

»Immerhin trägst du einen Schnauzbart«, will Sebastian einwenden, kommt aber nicht dazu, denn Toni fängt plötzlich zu hupen an. »Die fahren hier, als hätten sie die Zeit für sich gepachtet. Man kommt überhaupt nicht voran.« Er gibt Gas und überholt auf der rechten Spur. Der Fahrer des überholten Wagens grinst. »*Boludo*«, knurrt Toni und Sebastian wundert sich, dass er auf Spanisch flucht, obwohl der andere ihn gar nicht hören kann.

Bald verlassen sie die Autobahn wieder und fahren durch eine Allee, die von hohen Akazien gesäumt wird. Hinter schmiedeeisernen Zäunen stehen Villen im Schatten von hohen Palmen. Auf der rechten Seite beginnt eine hohe Mauer, Onkel Toni sucht eine Parklücke. Er springt fast aus dem Auto und schreitet dann wieder so eilig aus, als hätten sie keine Zeit zu verlieren. Sebastian folgt ihm mit lässigen Schritten. Der Onkel öffnet ein Gittertor. Von dort führt ein Weg einen Hügel hinauf. Beim Hinaufsteigen schlägt Tonis weiße Hose aufgeregte Falten. Mit einem Mal schiebt sich von der Anhöhe ein Kanonenrohr in ihren Blick. Sebastian bleibt stehen. Toni marschiert auf das Geschütz zu. Oben angekommen, sieht er sich nach dem zögernden Neffen um. »Na, komm schon«, ruft er. Als Sebastian sich nähert, legt Toni eine Hand auf die stählerne Wandung und lacht. »Ist sie nicht schön?«

»Sie?«

»Eine Flak aus den sechziger Jahren, schau.« Der Onkel weist auf ein Schild, das im Rasen steckt, und fängt an, ihm die Besonderheiten der Kanone zu erklären. Sebastian hört kaum hin. Vor ihnen breitet sich eine Wiese voller Panzer und Kanonen aus. Toni läuft von einem Ausstellungsstück zum nächsten. Auf den Schildern im Rasen werden die Herkunftsländer genannt. Die schwedischen und englischen beachtet Toni nur kurz. Er weiß genau, wo die deutschen Exponate zu finden sind, und ruft Sebastian die technischen Daten so laut zu, als wolle er die Fahrzeuge aus einem Dornröschenschlaf wecken. Mit einem Mal bleibt er stehen und fragt Sebastian: »Bei welcher Waffengattung hast du eigentlich gedient?«

Sebastian starrt in das schwarze Loch eines Kanonenlaufs. Genau jetzt müsste er die Zivildienstbombe hochgehen lassen, denkt er. Aber es ist ihm nicht wohl dabei zwischen all den Panzern.

Plötzlich erinnert er sich daran, wo er zum ersten Mal in seinem Leben eine Kaserne gesehen hat. Immer wenn er als Kind mit den Eltern spazieren ging, waren sie daran vorbeigekommen. Spazieren gehen hieß, mit seinen kurzen Beinen mit dem Vater Schritt zu halten. Manchmal schaffte Sebastian es. Aber es gab Tage, da konnte er sich anstrengen, wie er wollte, er kam einfach nicht nach. Da half auch das gute Zureden der Mutter nicht. Der Vater war jedes Mal davon überzeugt, er würde mit Absicht trödeln, um ihm den Spaß zu verderben. Wenn die Mutter dann versuchte, ihn zu beschwichtigen, wurde seine Laune noch schlechter. Der Vater schwieg und sagte aus diesem Schweigen heraus plötzlich Dinge, die so beleidigend waren, dass die Mutter und Sebastian für den Rest des Tages ängstlich verstummten.

Fast immer kamen sie auf diesen Spaziergängen an einer Kaserne vorbei, und wenn Sebastian die Tafel am Tor las, dachte er jedes Mal, dass das, was dort stand, viel besser zu ihren Sonntagen passte als das Wort »Spaziergang«.

»Ich war bei den Gebirgsjägern«, sagt Sebastian endlich zum Onkel, der ihn schon ungeduldig angestarrt hat. Nun leuchten seine Augen auf. Er läuft über das halbe Gelände bis zu einer Mulde, in der sich ein kleines Gefährt versteckt. »Den wirst du dann ja bestens kennen.« Er lacht Sebastian an, als habe er ihm gerade etwas geschenkt. Auf dem Schild im Rasen steht das Wort »*caza*«.

»Ein Jagdpanzer«, ruft Sebastian.

Der Onkel scheint auf einen fachmännischen Kommentar zu warten.

»Nicht schlecht«, sagt Sebastian. Das kann man schließlich immer sagen. Aber lange kann er den Onkel wohl kaum so hinhalten. Er muss von sich ablenken.

Bei welcher Truppe er selbst gewesen sei, fragt er ihn.

Verlegen sieht Toni an seinem Neffen vorbei. »Nun, wie soll ich das erklären ... Cousins von mir, die schon viel älter waren, die haben noch für Deutschland gekämpft. Aber, wie gesagt, da war ich noch viel zu klein. Und später ... ich meine, für Argentinien ...«

Er sieht Sebastian hilflos an. Ein guter Zeitpunkt, das Thema zu wechseln.

Wann Deutschland diese Panzer eigentlich geliefert hätte?

»Jungchen, du stellst Fragen. Natürlich, als die Militärs an der Macht waren. Die haben den Falklandkrieg schließlich nicht mit Pfeil und Bogen angefangen.«

Der Onkel setzt sich wieder in Bewegung. Er wirkt ziellos, so wie er jetzt langsam den Weg entlanggeht. Sebastian bleibt dicht neben ihm.

»Wie war das eigentlich?«, fragt er leise. »Ich meine, das Leben unter einer Militärdiktatur. Das ist doch sicher nicht besonders angenehm?«

»Ach was. Du kannst dir nicht vorstellen, welches Chaos vorher im Land geherrscht hat. Inflation, Terrorismus. Das

Militär garantiert in erster Linie Ordnung. Klare Verhältnisse. Es war höchste Zeit, den Terroristen das Handwerk zu legen.«

»Indem man sie verschleppt«, sagt Sebastian noch leiser als vorher und das Herz klopft ihm dabei bis zum Hals.

»Notfalls auch das.«

»Und foltert und ermordet.«

»Die waren ja zuvor auch nicht zimperlich gewesen.«

Sebastian ist klar, dass er den Onkel mit seinen Vorwürfen in eine Verteidigungsposition drängt. Trotzdem macht er weiter.

»Und es war höchste Zeit, dass man ein Exempel statuiert und Unschuldige umbringt.«

»Das kann man halt nicht vermeiden.«

Er behandelt den Onkel, als habe der sich persönlich schuldig gemacht. Das ist ungerecht. Der Onkel hätte ihn eben nicht in einen Panzerpark locken sollen, denkt Sebastian und bohrt weiter.

»Aber sind dreißigtausend Unschuldige nicht ein bisschen viel, um von einem Versehen zu sprechen?«

»Dreißigtausend? Woher hast du denn diese Zahl?«

»Die steht in jedem Reiseführer. Die inoffizielle soll noch viel höher sein.«

»Was für ein Unsinn. Woher will man denn wissen, ob sich die meisten nicht irgendwo auf der Welt abgesetzt haben? Diese Zeit war doch eine prima Gelegenheit für alle, die was auf dem Kerbholz hatten. Und wenn es nur ein Berg Schulden war oder Alimentezahlungen zum Beispiel. Man konnte einfach verschwinden. Da hast du deine *desaparecidos*.« Er zieht ein Taschentuch aus der Hosentasche, um sich die Stirn abzuwischen. »Und du, ein deutscher Soldat, glaubst so einen Unsinn.«

Sebastian pocht das Blut in den Schläfen. Seine Hände

schwitzen. Er will sagen, dass er nie Soldat war und dass er Tonis Hobby abscheulich findet, aber der Onkel schimpft immer weiter.

»So seid ihr jungen Leute aus Deutschland. Nur Vorurteile, anstatt sich mal ordentlich mit dem Land zu beschäftigen, in das ihr reist. Wie kann man sich denn damit begnügen, sich über die Geschichte des Landes in einem Reiseführer zu informieren! Als gäbe es keine fundiertere Literatur.«

»Entschuldige, ich wollte dich nicht verärgern.« Es war wie ein Reflex, das zu sagen.

»Es geht nicht darum, ob du mich verärgerst, aber kundig machen musst du dich, bevor du was behauptest.«

Sie haben jetzt wieder den Weg erreicht, der zum Ausgang führt. Schnell läuft Toni den Abhang hinunter.

Als sie wieder im Jeep sitzen, sagt er: »Ich fahr dich zur U-Bahnstation. Ist dir das recht?«

Er fährt wortlos und viel zu schnell.

Da hätte ich ja gleich zu Hause bei meinem Alten bleiben können, denkt Sebastian.

Er beschließt, dass das der erste und letzte Besuch bei seinem Onkel gewesen ist. Seine Mutter wird es bedauern. Aber die ist weit weg.

An der Metro-Station steigt Toni aus, um ihn zum Zug zu begleiten.

Als sie auf die Bahn warten, sagt er plötzlich: »Es ist prima, mein Junge, dass du hier bist. Familie ist doch etwas ganz Besonderes. Man spürt, dass dasselbe Blut fließt, nicht wahr? Und ein bisschen Streit muss schließlich auch sein.« Er hebt den Arm und klopft Sebastian auf die Schulter.

Die Bahn kommt.

»Also dann, bis morgen Abend?«, fragt Onkel Toni.

»Na, nun komm schon, jetzt lass dich nicht gleich verschrecken. Hilde würde sich so freuen. Kommst du?«

»Also gut.«

Sebastian steigt ein. Onkel Toni winkt ihm nach, und ehe er sich's versieht, hebt Sebastian einen Arm und winkt zurück.

Als die Bahn in den Schacht einfährt, setzt er sich hin. Sein Kopf ist so leer, dass sich die Schwärze des Tunnels und das laute Rattern darin ausbreiten. Von Station zu Station wird es lauter und dunkler in ihm. Endlich erreichen sie die Plaza de Mayo, wo er aussteigt und sich auf eine Bank setzt. Es ist früher Abend. Blau und groß wölbt sich der Himmel über Buenos Aires. Eine Stunde sitzt Sebastian einfach nur da. Eine Stunde, in der er nichts anderes wahrnimmt als das Einsetzen der Dämmerung. Dann steht er auf, fährt sich mit den schlanken Fingern durchs Haar und geht die Avenida hinauf bis zum nächsten Straßencafé. Er setzt sich, noch immer etwas benommen, schaut sich um. Am Nebentisch sitzt eine Frau, die ihn zu beobachten scheint. Jetzt lächelt sie.

»Woher kennen wir uns?«, fragt er.

»Wir sind mit demselben Flugzeug gekommen. Ich hab dich eben schon einmal gesehen, aber da hast du mich offenbar nicht erkannt.«

Er mustert sie eine Weile. Sie ist sehr schlank, trägt ein schulterfreies schwarzes Hemdchen, einen engen schwarzen Rock, hohe Schuhe. Man hätte sie für eine Argentinierin halten können.

»Sind Sie die Frau mit dem großen roten Pullover, die ganz vorn rechts gesessen hat?«

Sie lacht. »Ja, genau die. Aber du brauchst nicht so förmlich sein. Ich heiße Heike.«

Sie ist mindestens zehn Jahre älter als er. Während er den Kellner heranwinkt, um einen Kaffee zu bestellen, sieht sie auf die Straße. Ihre Wangen sind schmal, sie hat sehr volle Lippen, die mit einem dunkelroten Lack überzogen sind. Das getönte braune Haar trägt sie glatt nach hinten gekämmt und zusammengebunden.

»Du bist nicht zum ersten Mal hier, oder?«, fragt Sebastian.

»Woran siehst du das?«

»Ich hab noch keine Deutsche gesehen, die so perfekt wie eine argentinische Frau aussieht.«

Wieder lacht sie. »Ja, ich mag es, wie sie sich hier kleiden. Ich bin schon zum achten Mal hier.«

Sie tanze Tango, sagt sie, und das könne man eben nur wirklich in Buenos Aires, obwohl Tango inzwischen auf der ganzen Welt getanzt werde.

»Was ist denn das Besondere an Buenos Aires?«, fragt Sebastian. »Außer natürlich, dass man den Tango hier erfunden hat«, setzt er hinzu, schließlich will er nicht ahnungsloser wirken, als er ist.

»Hier ist Nostalgie nicht nur ein Wort, sondern fast so was wie eine Identität«, sagt sie zögernd. »Die Vergangenheit ist überall gegenwärtig, weißt du. Sie ist sogar stärker als die Gegenwart.«

»Ist das so eine ähnliche Theorie wie die von der Gesetzmäßigkeit des Zufalls, die hier alle so lieben?« Irritiert schaut Heike ihn an. Er winkt ab. »Egal, war nur so ein Gedanke. Aber red weiter. Die Vergangenheit ist hier überall Gegenwart, sagst du.«

»Ja, genau. Bist du schon mal mit der Linie eins gefahren? Die Waggons sind noch die originalen – von 1910. Als ich die Lederschlaufen an den Stangen sah und die Bänke aus Holz, hätte ich beinahe geweint. Aber natürlich hab ich das nicht. Hier behält man so etwas für sich.«

»Stimmt, die Leute sind ganz schön verklemmt.«

»Was heißt ›verklemmt‹! Wenn man alles sofort auslebt, entsteht doch überhaupt keine Spannung. Sie halten an sich, bei uns hieß das mal ›sich Benehmen‹. Aber heute ist dieses Verb nichts mehr als eine leere Hülse. Jeder macht immer sofort, was er will. Dabei ist das in Wirklichkeit völlig langweilig.«

Sebastian denkt nach. Er hat Lust, dieser Frau von Onkel Toni und seiner Panzerausstellung zu erzählen. Er fragt, ob sie eine Geschichte interessiert.

»Ja, warum nicht?«, sagt sie.

Es ist nicht schwer, ihr etwas zu erzählen. Sie hört aufmerksam zu, fragt ab und zu nach. »Eigentlich hätte ich ihm sagen müssen, dass ich über ihn entsetzt bin«, schließt Sebastian seine Erzählung. »Ich hätte ihm sagen müssen, dass mich seine Panzer einen feuchten Dreck interessieren und ich absolut keine Lust habe, ihn noch einmal zu sehen. Stattdessen habe ich versprochen, sie wieder zu besuchen und zum Abschied sogar gewunken. Obwohl ich es völlig bescheuert finde zu winken.«

Sie lächelt. »Du wolltest eben ein braver Junge sein.«

»Ist das dein einziger Kommentar dazu?«

»Mehr oder weniger ja.«

Sie holt eine Zigarettenspitze aus ihrer Handtasche und ein Etui, aus dem sie eine Zigarette nimmt, um sie in den Bernsteinkopf zu stecken. Sie nimmt einen tiefen Zug. Sebastian ist sich sicher, dass sie in ihrem Leben schon eine Menge Filme mit Marlene Dietrich gesehen hat.

»In Wirklichkeit wollt ihr es doch so«, fügt sie dann hinzu. »Auch wenn ihr euch immer über eure Mütter oder Väter aufregt. Aber im Grunde genommen seid ihr ganz versessen darauf, einmal brav sein zu können. Bei Onkel Toni musst du nur deine Klappe halten und schon bist du dir seiner Liebe sicher.«

»Wer ist wir?«

»Männer.«

Er ruft den Kellner. »*La cuenta, por favor.*«

»Jetzt sei nicht gleich eingeschnappt. Weißt du was? Wenn du willst, kannst du mich auf einen Tangoball begleiten. Da wirst du sehen, was ich meine. Heute Abend hab ich eine Einladung in einen ganz kleinen Club. Wir werden die einzigen Touristen sein. Ich hab den Tipp von einem alten *milonguero* bekommen.«

Sie gehen los. Es ist schon dunkel. Die Hitze staut sich zwischen den Häuserwänden und macht die Luft klebrig. Auf der Plaza Dorrego sind alle Tische besetzt und ein englisch-spanisches Kauderwelsch erfüllt die Luft. Dann werden die Häuser niedriger, von den Fassaden blättert der Putz. Kinder lungern auf den Bordsteinen herum und schauen dem Paar hinterher. Man hat Sebastian davor gewarnt, in die Slums zu gehen. *Slums* seien etwas ganz anderes, sagt Heike. Sebastian ist sich trotzdem sicher, dass sie ohne ihn nicht einen Meter allein weitergehen würde. Endlich haben sie die Straße, die Heike auf ihrem Zettel notiert hat, erreicht. Aber die Hausnummer gibt es nicht. Sie laufen alle Seitenstraßen ab, keine der Türen deutet auf einen Tangosalon.

»Das heißt gar nichts. Manchmal verbergen sich die schönsten Salons, da, wo du sie nie vermutet hättest«, sagt Heike.

Schon zum dritten Mal starrt sie zu einem rot erleuchteten Fenster hinauf, so, als könne es sich durch langes Hinsehen von allein öffnen. Die Straße ist menschenleer. Plötzlich taucht an der Ecke ein Mann auf. Sebastian steht in einem Hauseingang und der Mann muss denken, die Frau in dem engen Rock sei allein. Sie hat ihn noch nicht bemerkt.

Wie ist sie bloß all die Jahre hier klargekommen, ohne dass ihr was passiert ist?, fragt sich Sebastian und tritt ein paar Schritte auf die Straße. Der Mann geht an ihnen vorüber.

»Sieht ganz so aus, als würden wir es nicht finden«, sagt Sebastian.

Heike sieht ihn an.

»Sieht ganz so aus«, äfft sie ihn nach.

»Mein Gott, es gibt doch im Leben noch was anderes als Tango.«

»O ja. Ein ganzes Jahr lang gibt's was anderes für mich. Hör mal, ich telefoniere mich im Callcenter elf Monate lang um den Verstand dafür, dass ich vier Wochen hierher fahren kann. Glaubst du, das tue ich, damit ich eine ganze Nacht lang sinnlos durch die Straßen laufe?«

»Mach, was du willst, ich gehe zur Plaza zurück.«

Es bleibt ihr nichts anderes übrig, als ihm zu folgen. Nach ein paar Schritten fängt sie an, einen Tango zu singen. Ihr Spanisch klingt ziemlich seltsam. Wo sie es gelernt habe, fragt Sebastian.

»Ich hab's nicht gelernt. Bis auf diesen Tangotext kann ich so gut wie nichts. Man braucht doch heutzutage keine Fremdsprache mehr. Im Supermarkt haben sie dieselben Sachen wie bei uns.«

»Und wie redest du mit deinen Tanzpartnern?«

»Englisch. Aber am liebsten gar nicht«, sagt sie.

Sebastian schweigt und Heike singt weiter. Mit etwas Konzentration kann er den Text sogar verstehen.

¡Hermano!
Yo no quiero rebajarme,
ni pedirle, ni llorarle,

ni decirle que no puedo más vivir…
Desde mi triste soledad veré caer
las rosas muertas de mi juventud.

Was für ein Kitsch, denkt Sebastian.

»Gefällt es dir?«, fragt sie.

»Du hast eine schöne Stimme.«

»Danke.«

Sie singt weiter. Das ist zumindest besser, als schweigend nebeneinanderher zu laufen.

Als sie die Plaza erreichen, sind noch immer alle Tische besetzt. Eigentlich könnten sie sich jetzt verabschieden. Aber es ist zu spät, um noch etwas anderes zu unternehmen, und zu früh, um schon schlafen zu gehen. Außerdem haben sie Hunger.

Lange suchen sie nach einem Platz. In Buenos Aires ist es nicht üblich, sich zu fremden Leuten an einen Tisch zu setzen. Aber da wirklich nichts anderes mehr frei ist, fragt Sebastian ein argentinisches Paar so höflich wie möglich, ob die beiden Stühle neben ihnen frei seien. Nach einer kurzen Beratung nickt der Mann ihm zu.

Heike bestellt *empanadas* und einen halben Liter Weißwein.

»Jetzt trinken wir schon Wein zusammen«, sagt Sebastian. »Dabei hätte ich dich vorhin am liebsten stehenlassen.«

»Du mich? Ich dich.«

Lachend lehnen sie sich in ihren Stühlen zurück. Sie befinden sich auf der anderen Seite der Welt, es ist Sommer mitten im Winter. Gründe genug, um vollkommen zufrieden zu sein. Sie trinken und beginnen zu reden, und es ist nicht wichtig, worüber sie sprechen.

Ihre Tischnachbarn wechseln höchstens ein paar Blicke

und nehmen nur kleine Schlucke aus ihren Gläsern. Heike hat schon zum dritten Mal einen halben Liter bestellt, als die Argentinierin, die neben Sebastian sitzt, plötzlich sagt: »Er müsste jetzt so alt wie dieser Junge sein.«

Sie schaut flüchtig zu ihm hin. Sebastian hat seine Gesichtszüge unter Kontrolle, sie kann nicht merken, dass er sie versteht.

Heike seufzt. »Wäre ich ins ›Estrella‹ gegangen, würde ich jetzt noch Tango tanzen. Aber es ist so weit weg von hier.«

»Mein Gott, dann hast du halt mal ein paar Tangos versäumt.«

»Du musst doch gar nicht um ihn trauern«, sagt der Argentinier an der anderen Seite des Tisches. »Und schon gar nicht heute, wo er Geburtstag hat. Er lebt. Bestimmt. Komm, stoßen wir auf ihn an.«

Heike kreuzt ihre Arme hinterm Nacken und seufzt genussvoll. »Du hast Recht. Es gibt ein Leben jenseits des Tangos.«

»Und wenn er doch tot ist?« Die Frau setzt ihr Glas ab. Dann hätte ich zwanzig Jahre lang noch keine einzige Sekunde um ihn getrauert. Aber selbst wenn er lebt! Wie er lebt, ist wahrscheinlich traurig genug.«

Der Argentinier legt seine Hand auf ihren Arm. »Schon gut, Estela. Weine, so viel du musst. Aber gib die Hoffnung nicht auf.«

Mit einem Mal schlägt die Frau mit der Hand auf den Tisch. »Verdammt, Sancho, wofür studiere ich Jura, wofür haben wir die ›Mütter von der Plaza de Mayo‹ und all die anderen Organisationen? Sag's mir, wofür? Es bringt gar nichts.«

»Irgendwann finden wir ihn.«

»Und wenn wir ihn finden, was dann?«

»Dann schalten wir die Gerichte ein.«

»Die argentinischen Gerichte sind ein Witz«, sagt sie und zieht eine neue Zigarette aus der Schachtel. Die Flamme ihres Feuerzeugs lodert so hoch, dass sie ihr beinah in die Augen schlägt.

Heike fragt Sebastian leise, ob er verstehe, was gesprochen werde.

»Jemand aus ihrer Familie wurde als Kleinkind von den Militärs verschleppt«, erklärt er. Es ist sehr unwahrscheinlich, dass die beiden Argentinier Deutsch verstehen, aber sicherheitshalber spricht er leise und sehr schnell. »Sie suchen nach ihm. Heute ist sein Geburtstag. Mein Gott, schau doch nicht so auffällig hin.«

Dafür, dass sie das diskrete Benehmen der Argentinier so bewundert, ist ihr eigenes geradezu eine Katastrophe.

Die Argentinierin greift nach ihrer Handtasche. »Das sind keine normalen Touristen, Sancho. Lass uns gehen.«

»Das ist Paranoia, Estela«, sagt Sancho. Sie steht auf.

»Geht nicht.« Sebastian hat seinen ganzen Mut zusammengenommen, um das zu sagen. Ihm wird heiß. »Geht nicht«, wiederholt er trotzdem. »Es wäre gut für uns, mehr von dieser Geschichte zu erfahren.«

Die Frau sieht ihn abweisend an. Ihr Freund sagt: »Vielleicht hat der Junge Recht. Da drüben wissen sie doch wirklich nur, dass damals bei uns Fußballweltmeisterschaft war.«

»Lass sie in Ruhe«, sagt Heike. Sie hat die Situation auch ohne Übersetzung verstanden. »Ich brauch ihre Geschichte nicht, um mir was Schreckliches vorstellen zu können.«

»Dann geh doch nach Hause«, wirft Sebastian ihr hin.

In sanftem Ton versucht Sancho, Estela zu überreden. »Vielleicht tust du auf diese Art auch etwas für ihn. Nichts geschieht zufällig, und wenn diese Touristen dir sagen, sie wollen die Wahrheit wissen, dann musst du ihnen diese Wahrheit erzählen. Dein Bruder hat ein Recht darauf.«

Die Argentinierin denkt angestrengt nach, dann wendet sie sich an Heike: »*You speak english?*«

»*Yes, I do*«, sagt sie. Zumindest kann sie dieses Pidgin-Englisch, mit dem sich Touristen aus aller Welt verständigen und das wohl nur von einer einzigen Nation nicht verstanden wird, den Engländern selbst.

»Okay. Kein Deutsch, kein Spanisch«, ordnet Estela an. »Nur Englisch. Auch unter euch. Ich will wissen, was ihr redet.«

Sie zündet sich eine Zigarette an und beginnt: »Meine Eltern habe ich zum letzten Mal gesehen, da war ich vier Jahre alt.« Sie haben sie zur Großmutter gebracht. Es war das erste Mal, dass sie sich von den Eltern trennen sollte, und sie habe so furchtbar geweint, dass sie ihr versprechen mussten, gleich am nächsten Tag wiederzukommen. Den kleinen Bruder, der erst wenige Monate alt war, haben sie bei sich behalten. Die Eltern kamen nie wieder. Noch lange habe die Großmutter versucht, sie zu trösten, und gesagt, sie müsse nur noch ein bisschen länger warten. An ihrem zehnten Geburtstag habe sie ihr endlich die Wahrheit erzählt. »Natürlich habe ich gewusst, was das Wort *tot* bedeutet. Trotzdem hatte ich immer das Gefühl, sie könnten eines Tages vor der Tür stehen und einfach wieder zurück sein. Es ist schrecklich, wenn so ein Gefühl nie vergeht. Ich glaube nicht, dass ihr euch vorstellen könnt, wie das ist.«

Irgendwann haben sie den amtlichen Bescheid über den Tod ihrer Eltern bekommen. Die finanzielle Entschädigung habe sie bis heute nicht angerührt, sagt Estela und ihr Blick huscht zu Sancho, der leise geseufzt hat. »*About my brother nobody knows anything*«, lenkt Estela ab. Wahrscheinlich sei er wie die meisten verschleppten Babys adoptiert worden und lebe jetzt irgendwo unter einem anderen Namen. Sie zündet sich die nächste Zigarette an, trinkt ihr Glas aus und lehnt sich zurück. »Das war's. Mehr gibt es dazu nicht zu sagen.«

»Es ist eine Geschichte von hunderten«, fügt Sancho hinzu. »Das Schlimmste daran ist diese Ohnmacht. Das Einzige, was ich für Estela tun kann, ist, da zu sein, wenn es ihr schlecht geht, oder sie zu den Behörden zu begleiten.«

»Das ist doch schon viel«, sagt Heike. Sie ruft den Kellner und bestellt einen Liter Wein für alle. Sancho und Estela protestieren. Sie sind fast die letzten Gäste auf der Plaza.

»Egal. Ich lade euch ein.« Heike füllt die vier Gläser und sie stoßen an, aber niemand sagt, worauf. Heike schiebt sich eine neue Zigarette in ihre Bernsteinspitze. Sancho sieht ihr dabei zu. Estela dreht sich zu Sebastian und fragt ihn leise auf Spanisch, ob Heike seine Freundin sei. Er lacht. »Nein, nein, ich bin doch viel zu jung für sie.«

»Das spielt keine Rolle«, sagt Estela ernst. »Aber ich bin froh, dass sie es nicht ist. Du bist viel intelligenter als sie.«

»Wie kommst du denn darauf?«

»Nur so ein Gefühl, aber lass uns nicht von ihr sprechen.«

Sancho und Heike reden über Zigarettentabak.

Sebastian fragt Estela zögernd: »Wovon möchtest du denn sprechen?«

»Von meinem Bruder«, sagt sie sehr leise. »Aber nur zu dir.«

»Keine Angst, sie kann kein Wort Spanisch.«

Estela beugt sich vor und nimmt seine Hand. »Stell dir vor, Sebastian. Er ist so alt wie du, und er weiß nichts über seine Herkunft. Nichts. Es kann sein, dass er bei den Mördern unserer Eltern wohnt. Alle paar Wochen veröffentlichen sie ein Bild in irgendeiner Zeitung. Jedes Mal renne ich zur Polizei, jedes Mal ist es ein anderer. Manchmal wünsche ich mir, sie würden mir sagen, dass er tot ist. Kannst du dir das vorstellen? Die Beamten zucken nur mit den Schultern.«

Estela kramt nach einem neuen Päckchen Zigaretten.

Sebastian sieht, dass Heike und Sancho sich in die Augen schauen.

»Manchmal kann man eben nichts tun«, sagt Heike.

Die beiden haben das meiste getrunken. Sie scheinen diesen Zustand erreicht zu haben, in dem man alles, was einem einfällt, für eine außerordentliche Erkenntnis hält.

Sancho antwortet: »Oder wenn man etwas tut, dann nicht, weil es Sinn hat, sondern weil es von allen Möglichkeiten immer noch die sinnloseste ist, gar nichts zu tun.«

Heike lächelt ihn an, und Sebastian findet Heike widerlich.

Estela hat ihre Zigaretten gefunden. Sie steckt sich eine an. »Es ist einfach das Wahrscheinlichste, dass er noch lebt«, beginnt sie und redet immer weiter. Sie kann nicht mehr von diesem Thema lassen. Von ihren vagen Vermutungen über die Überlebenschancen ihres Bruders kommt sie zu Geschichten von Wiedergefundenen und zu den Verbrechen, die dabei aufgedeckt wurden. Sie regt sich darüber auf, dass die Regierung viel zu wenig unternehme, um die ganze Wahrheit herauszufinden, und gerät erneut ins Spekulieren. »Die Kleinen haben sie nie umgebracht. Mit denen konnten sie ja Geschäfte machen. Sie haben sich die Babys von den Adoptiveltern bezahlen lassen. Also, er lebt. Es ist Unsinn, daran zu zweifeln.«

»*Why actually they arrested your parents?*«, fragt Heike plötzlich.

Brüsk dreht Estela sich zu ihr um. Als könne sie sich bei der Übersetzung geirrt haben, fragt sie Sebastian: »Was will sie wissen?«

»Sie will wissen, wofür sich deine Eltern engagiert haben«, sagt Sebastian auf Spanisch.

»Warum will sie das wissen?«, fragt sie zurück und hat noch immer den Blick auf Heike gerichtet. »*There is no reason. You know. There isn't any reason.*« Dann macht sie eine Handbewegung, als wolle sie Heike aus ihrer Gegenwart tilgen, und wendet sich wieder Sebastian zu. »Wo waren wir stehen geblieben?«

»Dass er lebt. Es ist Unsinn, daran zu zweifeln.«

»Genau«, sie beginnt von neuem die Argumente dafür heraufzubeschwören. Sebastian hört ihr nur noch halb zu; er verfolgt das Gespräch zwischen Sancho und Heike.

Sancho, der inzwischen fast mit dem Rücken zu Estela sitzt, erzählt leise, dass ihre Eltern Mitglieder einer Gewerkschaft gewesen seien, mehr nicht. Irgendwann hätten sie einen anonymen Zettel erhalten, auf dem stand, ihre Namen seien auf einer »schwarzen Liste« aufgetaucht. Sie hätten nicht wirklich daran geglaubt, in Gefahr zu sein. Dass sie Estela trotzdem zur Großmutter gebracht hatten, sei vielleicht nicht mehr als ein Akt der Selbstberuhigung gewesen.

Der Himmel beginnt schon wieder sich aufzuhellen. Sebastian spürt, wie mit dem Licht die Müdigkeit in ihm heraufzieht. Estela hingegen scheint ihren Monolog nie mehr beenden zu wollen. »... Selbst wenn er noch lebt. Sie haben uns unsere gemeinsame Kindheit gestohlen, verstehst du? Ich weiß nicht mehr von ihm, als ich von dir weiß. Wenn ich mir vorstelle, wir werden eines Tages so voreinander sitzen wie wir gerade. Völlig Fremde! Schrecklich!«

Heike fragt Sancho, ob er Tangos singen könne.

Er zögert. »Mit meinen Eltern hab ich manchmal welche gesungen, aber das ist lange her.«

Ob er ›Nostalgias‹ kenne? Vielleicht, wenn sie es ihm vorsinge, würde er sich daran erinnern. Heike fängt an. Sie ist völlig betrunken: »Bruder, ich will mich nicht erniedrigen, nicht bitten, nicht weinen ...«

Estela hört mitten im Satz zu reden auf, starrt zuerst Heike an und dann Sancho, der leise und noch etwas unsicher mitsingt. »... ihr nicht sagen, dass ich nicht weiterleben kann ...«

Sancho findet sich in der Melodie halbwegs zurecht. Laut und schief singt das Duo die letzten beiden Zeilen: »Aus meiner traurigen Einsamkeit sehe ich die toten Rosen meiner Jugend fallen.«

»Otra, otra«, schreit Heike begeistert. Sie scheint weder Estelas Blick noch Sebastians Fußtritt zu bemerken.

»Nein, ich kann es doch nicht so gut«, wehrt Sancho ab.

»Wir haben ja mittendrin angefangen«, redet Heike auf ihn ein. »Wir müssen von vorn beginnen. Hör zu. Ich sing dir den Anfang mal vor.«

»Niemand hört dir zu.« Estelas Augen sind schmal geworden. »Hör bloß auf, unsere Tangos zu singen in deinem grauenhaften Spanisch.« Sie wird immer lauter. »Geh nach Hause und mach dich dort mit Tango interessant, aber nicht hier, verstehst du? Geh nach Hause.«

Das Schlimmste ist, dass Sebastian alles übersetzen muss. Er tut es leise und schnell und lässt das »grauenhafte Spanisch« aus.

Heike versucht trotz deutlicher Gleichgewichtsstörungen Haltung zu bewahren.

»Ich hab keine Schuld, meine Liebe. Da verwechselst du was. Es tut mir Leid, was dir passiert ist, aber ich bin nicht dran schuld. Und ich trink meinen Wein, wo und mit wem es mir gefällt.«

Estela nimmt die Weinkaraffe in die Hand. »*We don't want your shit-wine!*« Sancho packt sie am Arm. Die Karaffe fällt zu Boden und verspritzt den letzten Rest Wein auf dem Pflaster.

»*Go home, please go home and let us in peace*«, schreit Estela und kämpft gegen Sancho, der sie noch fester umklammert. »Komm, Kleines«, sagt er. »Lass uns gehen«, und zu Sebastian gewandt: »Entschuldigt sie, es ist nicht leicht für sie. Besonders heute.«

»Wir haben uns für nichts zu entschuldigen, Sancho. Für nichts!«, schreit Estela. »Bring mich bloß weg hier.«

Sebastian ist aufgestanden, mit erhobenen Händen sieht er den beiden nach. An der Ecke zur Defensa sackt Estela plötzlich zusammen. Mühsam bugsiert Sancho sie zum nächsten Schaufenstersims. Sebastian will zu ihnen laufen, aber Heike hält seinen Arm fest.

»Du brauchst ihnen nicht zu helfen. Du würdest es nur für dich selbst tun.«

»Weißt du was? Deine Weisheiten kotzen mich an.«

Heike zuckt die Schultern »Es ist halt nicht leicht, sie zu akzeptieren.« Sie sammelt ihre Sachen zusammen, klappt ihre Handtasche zu, steht auf und geht, ohne sich zu verabschieden, davon.

»Deine blöde Gleichgültigkeit kann ich nicht akzeptieren«, schreit Sebastian ihr nach.

Mit durchgestreckten Beinen stakst sie über das Pflaster, und sie bringt es tatsächlich fertig, noch einmal laut und mit schwerer Zunge ›*Nostalgias*‹ zu singen.

»Blöde Ziege«, murmelt er und dreht sich um. Die beiden Argentinier sind verschwunden. Ein paar schmutzige Handzettel fliegen, vom Wind getrieben, über die leere Plaza.

Er geht zur Defensa und hält das nächste Taxi an. Es ist sechs Uhr morgens, als er in seinem winzigen Zimmer ankommt, für das er so viel Geld bezahlt wie in Stuttgart für eine ganze Wohnung. Onkel Toni hat ihm gestern sein Gästezimmer angeboten. Aber Onkel Toni streichelt Kanonenläufe und sehnt sich nach der Militärdiktatur zurück. Onkel Toni ist mit daran schuld, dass ein Argentinier, der so alt wie Sebastian ist, nicht weiß, wer er ist, denkt Sebastian, und auch solche Zicken wie Heike sind daran schuld, und er selbst ist schuld, mit seiner Geduld, mit seiner ewigen Zuhörerschaft, denkt Sebastian, während er sich auskleidet. Er fällt ins Bett, das ganze Zimmer dreht sich um ihn, er schaut auf den Wecker, damit es aufhört, sich zu drehen. Plötzlich fällt ihm ein, was er tun kann. Morgen wird er in ein Waffengeschäft gehen und sich eine echte Pistole kaufen. Er wird nach San Isidro fahren und auf dem Bahnhof wird er anstelle einer Begrüßung seinem Onkel die Pistole auf die Stirn setzen, genau über der Nasenwurzel. Er wird die Waffe entsichern, Onkel Toni in die Augen schauen und sagen, dass er, Sebastian, Wehrdienstverweigerer sei und dass das der einzige Grund sei, weshalb er jetzt nicht abdrücken würde. »Ich werde es tun. Ich muss es tun«, murmelt er in sein Kissen, bis das Rauschen in seinem Kopf den letzten Gedanken mit sich fortreißt.

Am Nachmittag sitzt er schon in der Bahn nach San Isidro, als ihm sein Plan wieder einfällt. Vor Verlegenheit muss er so grinsen, dass er sein Gesicht zum Fenster dreht. »Mein Gott, waren wir betrunken«, flüstert er. Mit dem gleichmäßigen Rattern des Zuges ordnen sich seine Gedanken. Plötzlich hat er eine andere Idee. Eigentlich ist es nicht einmal eine Idee. Und genau besehen scheint sein Vorsatz belanglos zu sein. Als ob es für jemanden Folgen hätte, dass ein Onkel von seinem Neffen enttäuscht ist. Aber vielleicht müssen wir ja dort anfangen, denkt Sebastian. Vielleicht werden ja genau bei den Belanglosigkeiten die Weichen gestellt, denkt er. Als der Zug in San Isidro einfährt, sieht er schon von weitem den Onkel auf dem Bahnsteig stehen. Stolz lächelt er seinem Neffen entgegen.

Du sollst aufhören, stolz auf mich zu sein, sagt Sebastian im Stillen zu ihm. Als er dem Onkel entgegengeht, spürt er, wie ihm vor Aufregung die Hände schwitzen.

Pauls Tränen

Die Milongas im »*Torquato Tasso*« sind eigentlich ein Ding der Unmöglichkeit. Der Tanzboden ist immer überfüllt. Dennoch gelingt allen Herren das Kunststück, ihre Damen ohne Karambolage an den anderen Paaren vorbeizumanövrieren. Manche schaffen dabei sogar die kompliziertesten Drehungen. Wie vor Moses das Wasser teilt sich vor ihnen die Menge der übrigen Tänzer, die sich dann, als hätten sie nie etwas anderes gewollt, auf minimale Schiebeschritte konzentrieren. Die Tische am Rande der Tanzfläche sind alle besetzt. Wer keinen Platz bekommen hat, steht herum. Für Leute, die auf die Toilette wollen, gibt es keine Lücken, auch nicht für die Kellner, trotzdem kommt jeder voran.

»Ist das ein *quilombo*«, hatte der alte Mann neben mir plötzlich gesagt und mich angegrinst.

Wir saßen am selben Tisch. Das heißt, er war die ganze Zeit sitzen geblieben, während ich nacheinander mit allen älteren *tangueros* im Saal tanzte. Es musste sich unter ihnen herumgesprochen haben, dass ich eine europäische Touristin war, die tanzen lernen wollte. Sie zeigten mir ihre Lieblingsschritte und durften mich dafür so nah an ihre Brust ziehen, wie es ihnen beliebte.

Den Mann an meinem Tisch schätzte ich auf mindestens

siebzig. Und so schaute ich ihm gleich zu Anfang in die Augen, um ihm Gelegenheit zu geben, mich aufzufordern. Aber er war meinem Blick ausgewichen. Meinen Partnerwechseln in den nächsten Stunden sah er scheinbar teilnahmslos zu, bis er plötzlich sagte: »Ist das ein *quilombo*.« Ich hatte ihn die ganze Zeit für einen Argentinier gehalten.

»Woher wissen Sie, dass ich Deutsch spreche?«, fragte ich ihn.

Er deutete auf meine Tasche, die über der Stuhllehne hing. »Da hast du vorhin ein Wörterbuch herausgeholt.«

Ich dachte darüber nach, ob ich wissen wollte, wann und wie er nach Argentinien gekommen war, und entschied mich nach einigem Zögern dagegen. Ich wollte tanzen, nichts weiter.

»Tanzen Sie denn nie?«, fragte ich ihn.

»Ach, du hast keine Ahnung, wie gern ich das tun würde. Aber von fremden Frauen lasse ich lieber die Finger. Ich kann's nicht verantworten, weißt du. Kaum sehe ich eine, wollen meine Hände auf ihren Arm oder ihr Bein und am liebsten noch weiter. Dann sind die Damen natürlich schockiert. Sie haben ja gar nichts mit dieser Geschichte zu tun. Sobald eine Frau in meiner Nähe ist, muss ich meine Finger verstecken.«

Erst jetzt sah ich, dass er seine Hände unter seinen Beinen festgeklemmt hielt.

Ich will tanzen, sonst nichts, sagte ich mir noch einmal. Allerdings waren meine Chancen, jetzt angesprochen zu werden, gering. Es gilt als unhöflich, eine junge Frau aufzufordern, die sich gerade im Gespräch mit einem älteren *porteño* befindet.

Der Mann sah mich rührselig an, und es war unangenehm, dass er nichts mehr sagte.

»Was ist ein *quilombo*?«, fragte ich ihn.

»So bezeichnet man das, was du hier siehst. Geordnetes Chaos. Das funktioniert nur, wenn jeder Beteiligte seinen Verstand einsetzt. Wenn man das nicht gelernt hat, hat man erst mal ganz schön zu tun, um hier klarzukommen.«

Ich studierte die *ganchos* und *sacadas* des Tanzpaares vor mir. Ich wollte noch immer nicht wissen, wovon der alte Mann neben mir eigentlich sprach.

»Ich bin kurz nach '45 gekommen«, sagte er.

Ich sah ihn an. Ich musste sofort an Eichmann denken und an Mengele. Und ich spürte, dass er das wusste.

»Man kann hier die Gedanken des anderen sehen«, behauptete er. »Es ist, als würden sie dir um den Kopf herumschwirren. Man muss nur genau hinschauen. Das ist die Ordnung im Chaos.«

Kaum hatte er das gesagt, kam ein Kellner und brachte eine Flasche Rotwein und zwei Gläser, obwohl ihm keiner von uns auch nur das geringste Zeichen gemacht hatte.

Der Kellner schenkte uns ein und entfernte sich wieder.

»Ich heiße Paul«, sagte der Mann und erhob sein Glas. »Darauf, dass du mir zuhören willst. Es ist wunderbar.«

Ich stürzte den Rotwein hinunter. Anstatt nun fortzufahren, starrte er wie vor Beginn unseres Gesprächs auf die Tanzfläche. Sollte ich ihm etwa die ganze Geschichte vom Gesicht ablesen? Seine Lippen waren feucht und bläulich wie die der meisten alten Männer, sonst fiel mir nichts auf. Ich dachte, vielleicht nehme ich seine Gedanken nicht wahr, weil ich nicht weiß, wie Gedanken im Allgemeinen aussehen.

Endlich sagte er: »Ich finde es wunderbar, wie sich die jungen Leute umarmen, egal ob sie aus Deutschland, Frankreich oder Japan kommen. Damals, als alles vorbei war, war ich gerade mal fünfundzwanzig. Ich hab's überlebt, aber das Leben in mir…«

Er verfiel erneut in Schweigen. Irgendwann hängte er noch ein »Na ja« hintendran. Ich begann daran zu zweifeln, dass hinter seinen Andeutungen überhaupt etwas steckte.

Plötzlich schloss er die Augen, zog seine rechte Hand unter dem Schenkel hervor und legte sie auf meinen Arm. Seine Fingerkuppen waren unangenehm weich. Finger um Finger krochen sie an meinem Arm hinauf. Nach einer Ewigkeit öffnete er die Augen wieder und ließ meinen Arm los. Während ich durchatmete, schlürfte er von seinem Rotwein. Dann sagte er: »Die Stockschläge in der Schule gingen bei mir nach hinten los.«

Er hatte sich entschlossen anzufangen und mich überkam das Gefühl, eine Lawine würde auf mich zurollen, wenn ich jetzt nichts unternahm. Am Nachbartisch zog sich ein junger Japaner seine Tangoschuhe an. Ich wollte aufstehen und ihn fragen, ob er mit mir tanzt. Aber da winkte er schon einer anderen zu und Paul sprach einfach weiter.

»›Paul‹, hat mein Lehrer immer gesagt, ›du bist zum Blödsein geboren.‹ Kein Wunder, dachte ich später. Wenn man wegen jeder Kleinigkeit geschlagen wird, traut man sich ja kaum noch zu atmen, geschweige denn zu denken. Wahrscheinlich hätte er Recht behalten, hätten meine Eltern mich nicht von der Schule genommen. Und meine kleine Schwester gleich mit. Zum Glück konnten sie es sich leisten. Unsere Konditorei lief immer gut. Ich hab meine Kindheit damit verbracht, Venushügelchen zu spritzen. So haben wir die Sahnetörtchen genannt. Hast du mal so eine Sahnespritze in den Händen gehabt? Wie die Füllung unter dem Leinen nachgibt und dann kommt unten die Cremewurst raus, weiß oder rosa ...«

Pauls Blick streifte den Rand meines Ausschnitts, bevor

er fortfuhr: »Meine Eltern haben eine Privatlehrerin eingestellt. Die war erst siebzehn und hieß Luise, und eigentlich durfte sie niemand mehr einstellen. Sie hat wohl geahnt, was ihr bevorstand. Jedenfalls hat sie sich um nichts geschert. Am besten war ihr Unterricht in der freien Natur. Wir haben uns splitternackt ausgezogen und auf dem Rasen Leibesübungen gemacht. Irgendwann fing sie an, meine kleine Schwester wegzuschicken. Sie musste dann immer Schulhefte kaufen gehen. 1939, vor den Sommerferien, hatten wir den ganzen Schrank voller neuer Hefte.«

Er lachte und jetzt wusste ich, was er mit dem Gedankensehen gemeint hatte.

»Weißt du, was ich von meiner Lehrerin vor allem gelernt hab? Sich raushalten ist alles«, sagte er, und ich sah einen nackten Jungen, der sich auf seiner Lehrerin zu schaffen machte, bis sie ihn im letzten Moment herauswarf.

»Wir wollten einfach nicht drüber nachdenken, was um uns rum passierte. Bis sie Luise geholt haben.«

Paul schwieg. Luise war aus der Geschichte geschleudert. Filmriss.

Als könne es diesem plötzlichen Abbruch nicht standhalten, klappte mein Bein zur Seite und lehnte sich an Pauls Oberschenkel. Pauls Hand rutschte auf mein Knie. Wir taten so, als würden wir nichts bemerken. Paul nahm einen tiefen Schluck. Nachdem er das Glas abgesetzt hatte, nahm er auch seine Hand wieder weg und fuhr sich damit über sein Gesicht, wie um etwas abzureiben.

»Willst du noch Wein?«, fragte er. Ich schob ihm mein Glas hin. Beim Eingießen zitterte seine Hand.

»Sie hatte Recht. Sich raushalten ist alles, und es ist das Schlimmste, wenn man es nicht mehr kann.«

In diesem Moment hätte ich ihm alles zugetraut. Er musste es gemerkt haben. Er führte sein Glas zum Mund. Aber als er trinken wollte, begann er so stark zu zittern, dass ihm das Glas gegen die Zähne schlug und er es wieder absetzen musste.

»Denkst du vielleicht, ich wollte das alles?«, fuhr er mich an. »Was glaubst du, warum ich vor jedem Musterungstermin mit Mehl auf der Haut geschlafen hab?«

»Warum denn?«

»Na, ganz einfach, am nächsten Tag hast du 'ne fette Allergie. Aber beim vierten Mal haben sie mich ins Reservelager geschickt. Die Wehrmachtsärzte wären die reinsten Wunderheiler, haben sie gesagt. Natürlich haben die mich geheilt. Aber das war kein Wunder, ich kam bloß nicht mehr an Mehl ran, na ja, und dann ging's nach Russland.«

Eine Milonga-Runde begann und die Paare legten los. Die Männer im Vorwärts-, die Frauen im Rückwärtsschritt. Vor uns verließ ein älteres Paar die Tanzfläche. Bisher hatten sie sich in kleinen Schritten umeinander bewegt und nun offenbar keine Lust, sich hetzen zu lassen. Dafür erschien jetzt ein Mathematiklehrer aus Deutschland, dessen gymnastischen Tanzstil ich schon kannte. Über die Schulter seiner Partnerin hinweg sah er mir in die Augen. Vielleicht wollte er mir bedeuten, dass ich mich bei der nächsten Runde für ihn bereithalten sollte, dachte ich. Ich hoffte es inständig.

»Jetzt trink erst mal deinen Wein, oder willst du dir diesen Scheiß etwa nüchtern anhören?«, sagte Paul.

Der Rotwein schwappte über meine Oberlippe. Als ich mit dem Zeigefinger darüberwischte, sah Paul zu, als wolle er nicht das Geringste dieser Berührung verpassen. Am Ende beugte er sich sogar vor und rieb mir einen Rest, den ich nicht erwischt hatte, vom Mundwinkel. Dann putzte er sich seinen Finger sorgfältig mit einer der Papierservietten ab, die in dieser Stadt an allen Ecken bereitliegen.

»Du musst wissen, solche Dinge wie Liebe oder Erotik verändern sich, je weiter du in den Osten kommst«, sagte er. »Da gibt's keine Romantik mehr. Mit vorher stundenlang Händchenhalten und so.«

Vor uns führte ein japanisches Pärchen einen Wirbel aus *ganchos* und *boleos* vor. Der Mathematiklehrer war solange mit seiner Partnerin stehen geblieben. Er beobachtete uns.

Paul fuhr mit seiner Erzählung fort. »Ich hatte ja noch immer meine Sahnekringel im Kopf und hab am Anfang überhaupt nichts kapiert. Die Weiber konnten mich sogar in den Waschzuber setzen und mir den Rücken schrubben. Da ist nichts passiert. Ich hab höchstens an meine kleine Lehrerin gedacht.«

»An Luise«, sagte ich.

»Ja, genau. Außerdem, wenn man Geschichten machte, konnte man ja an die Front geschickt werden oder auch nicht, man wusste es nie. Also hab ich mich rausgehalten, wie ich's gelernt hatte.«

»Und wie bist du in den Waschzuber einer russischen Frau gekommen?«

»Na, wir haben doch da gewohnt. Die haben uns sogar ihr Schlafzimmer gegeben. Und die Stube.«

»Und wo haben sie selbst geschlafen?«

»Im Stall. Das war ganz praktisch, da konnten sie uns morgens immer gleich die frische Milch bringen.«

Ich sah einen zwanzigjährigen Soldaten einen ganzen Krug Milch austrinken.

»Sollten *wir* vielleicht in den Ställen schlafen?«, verteidigte sich der alte Paul. »Wir mussten schließlich die Gebiete besetzen, das war unser Job, würde man heute sagen. Wir waren nicht unhöflich zu den Leuten, das kannst du mir glauben. Wir haben nicht einen von ihnen erschossen.« Als er nachschenken wollte, legte ich eine Hand auf das Glas. Mit der anderen griff ich nach meiner Tasche. Ich wollte gehen, und zwar sofort. Er sah mich an. Seine Augen sagten: »Du sollst doch nur sehen, was wir sehen. Mehr nicht.«

Langsam zog ich meine Hand vom Glas und Paul goss es bis zum Rand voll. Ich musste meinen Kopf weit nach vorn beugen, um den ersten Schluck abzuschlürfen. Auf meiner Oberlippe war wieder ein feuchter Streifen, aber Paul sah nicht mehr hin.

»Ich hab mich ja vor der Front gedrückt, solange es ging«, sagte er. »Zum Glück hatte ich einen Offizier, der mich nicht hergeben wollte, weil ich so gut für ihn gekocht habe. Ich war noch auf diesem Bauernhof, als alle anderen schon längst fort waren. Aber dann kam der Winter '43. Da haben sie ja die letzten Reserven zusammengekratzt. Zur Begrüßung kriegten wir den ›Gefrierfleischorden‹.«

Paul grinste und ich sah die Spucke in seinen Mundwinkeln.

»Überall lagen welche rum, die's schon erwischt hatte«, fuhr er fort. »Eisblöcke von achtzig Kilo, an der Erde festgefroren. Die konnte man nicht einfach so wegschleppen. Außerdem waren die ganz nützlich. Ich hatte so'n Kameraden als Deckung. Weiß nicht mehr, ob Russe oder Deutscher, die Fronten haben ja ständig gewechselt. War auch egal, Hauptsache, der hat die Kugeln für mich abgefangen. Immer wenn meine zwei Stunden rum waren, hab ich mich bei ihm bedankt.«

»Paul!«, rief ich. Verwundert sah er mich an. Ich suchte nach Worten. »Wie kann man so gleichgültig werden?«

Er nickte. »Das hab ich mich auch immer gefragt. Der Soldat zum Beispiel, der mit mir den Platz im Graben geteilt hat, war schon zwei Wochen dort. Immer wenn ich zur Ablösung kam, alle zwei Stunden, wie gesagt, stellte der sich aufrecht hin und rauchte 'ne Feierabendzigarette. Er war einsneunzig groß und sein Kopf ragte über die Deckung hinaus. Pass doch auf, hab ich gesagt, du bist die perfekte Zielscheibe. Er hat nur mit den Schultern gezuckt. ›Ist mir egal.‹ Eines Tages mussten die Russen schon darauf gewartet haben, dass sein Kopf wieder auftauchte. Die haben ihn zu Ende rauchen lassen und dann, schwups, ganz sauber über der Nasenwurzel, es war nur so'n leiser Pfiff, haste kaum gehört. Und dann fiel er neben mich. Sein Gehirn kam aus'm Schädel raus. Da wusste ich überhaupt nicht, was ich machen sollte, ich hab's ihm wieder in den Kopf gestopft, vielleicht hilft's ja, dachte ich, er hat ja noch geatmet . . .«

»Paul«, schrie ich. »Hör auf.«

»Es war doch der erste Tote in meinem Leben«, schrie er zurück.

Und die gefrorenen Leichen?, schrien meine Gedanken. Wir schwiegen.

»*Volver*« sang der berühmte Tote Gardel, »Zurückkehren.« »*Sentir*«, verlangte er. »Fühlen.«

Paul redete weiter. »So gleichgültig war ich ja auch gar nicht. Nach zwei Tagen hatte ich genug. Ich weiß nicht, wie die anderen das nur eine Stunde länger aushalten konnten. Ununterbrochen hörst du dieses Pfeifen und Krachen, die Verwundeten werden an dir vorbeigetragen und nach der Schicht erzählt man dir, wer alles draußen geblieben ist. Da wirst du immer klarer im Kopf, du fängst an zu rechnen, Wahrscheinlichkeiten. Bleibst du hier, bist du zu neunzig Prozent morgen tot, wenn du großes Glück hast, bloß Krüppel, läufst du über, wirst du zu fünfzig Prozent erschossen. Das kommt dir dann schon traumhaft vor. Als es dunkel wurde, bin ich losgelaufen. Irgendwann wusste ich gar nicht mehr, wo ich war. Nachts läuft man ja automatisch im Kreis. Und Deserteure wurden sofort ... na, du weißt schon. Was denkst du, wie froh ich war, als ich endlich auf Russisch höre: ›Wer da?‹ – ›Fritz‹, sag ich. Da kommt schon ein Soldat aus der Deckung, nimmt mir die Waffe ab und führt mich in einen Bunker. Seine Kameraden stehen um ihren Offizier herum und gucken mich an. Ich denk schon, ich hab Glück gehabt, aber da setzt mir der Offizier die Pistole auf die Stirn, genau auf die Nasenwurzel. Ich dachte, das ganze Universum wäre in meinem Kopf und die Zeit von Anbeginn der Menschheit an, und mir war, als wäre mein Kopf nur noch an einem Seidenfaden mit meinem Becken verbunden. Und der war so gespannt, dass er jede Sekunde reißen konnte. Ich warte nur noch darauf, dass die Waffe losgeht. Da fragt mich der Offizier: ›Was denkst du gerade?‹ Ich denk gar nichts mehr, sondern schweb schon als Engel durchs Weltall, aber da fällt mir was ein, was den Offizier vielleicht freuen wird, und ich sag: ›Dass Hitler ein Lügner ist.‹

Der Offizier stutzt. ›Und was sagt Gitler?‹

Ich darauf: ›Dass du mich jetzt erschießen wirst.‹

Die Soldaten lachen. Da kann er nicht mehr abdrücken. Ich muss die Uniform ausziehen und bekomme Sträflingskleidung. Mein Kopf hat sich wieder auf meine Schultern gesetzt und ich hab wieder Luft geholt. Das spür ich jetzt noch, wie das war. Aber später hab ich mir oft gewünscht, der Mann hätte mich gleich erschossen.«

Paul trank einen Schluck. Anstatt weiterzusprechen, presste er seine Lippen aufeinander. Über der Oberlippe stand ihm der Schweiß.

Meine Eltern fielen mir ein. Als ich klein war, hatten sie mir manchmal von den Kriegsabenteuern meines Großvaters erzählt, das heißt vor allem davon, wo er so überall herumgekommen war als Soldat. Irgendwann sagten sie: »Ja, und dann kam er in Gefangenschaft«, und ihr Blick warnte mich: Bis hierhin und nicht weiter. Ich war ein gehorsames Kind und fragte nichts mehr. »Und achtundvierzig kam er endlich zurück«, schlossen sie das Kapitel ab.

»Bis achtundvierzig war ich dort.« Jetzt fing sogar Paul mit dieser Masche an. Wir starrten auf die Tango-Valse-Paare, die sich drehten und drehten und drehten, und Paul, der so dicht neben mir saß, dass ich seinen Schweiß riechen konnte, wollte nicht aufhören zu schweigen. In diesem Moment hab ich zum ersten Mal dieses Weinen gehört. Es war, als hätte es sich irgendwo in seinem Kopf versteckt und nur wir beide könnten es hören. Ich dachte, vielleicht sollte ich ihm einfach mit der Fingerspitze über den Arm streichen, aber ich traute mich nicht. Dafür kam es überraschend und geradezu zärtlich aus meinem Mund: »Paul, wenn du willst, kannst du mir wirklich alles erzählen.«

Oder vielleicht war es doch meine Fingerkuppe, die mit ihm gesprochen hatte. Ich weiß es nicht mehr. Ich weiß nur noch, dass ich zärtlich sein wollte. Ich kann nicht anders, wenn ich Männer weinen höre.

Mir schien, als presse er seine Oberschenkel noch fester auf seine Hände. Er lächelte matt, zog dann seine rechte Hand hervor und legte sie auf mein Knie. Während wir reglos dasaßen, hatte ich das Gefühl, wir tasteten uns durch ein nasskaltes Labyrinth, und Pauls Hand auf meinem Knie half mir, mich nicht völlig zu verirren.

»Der letzte, für den ich ein armes Schwein war, das bloß

Pech gehabt hatte, war der Soldat, der mich zur Sammelstelle gebracht hat. Dort hatten sie die Überläufer zusammengetrieben. Zu Fuß sind wir Richtung Osten marschiert. Das dauerte Wochen. Für kaputte Schuhe gab's keinen Ersatz. Die Kälte hörte nicht auf.« Paul wischte sich über die Wangen. »In den Dörfern haben uns die Frauen ins Gesicht gespuckt. Irgendwo auf diesem Marsch ist dieser Seidenfaden gerissen, aber das Schlimmste war, dass ich danach nicht tot war.«

Vor uns leerte sich der Tanzboden. Paul wartete, bis sich die neuen Paare gebildet hatten und die Musik wieder einsetzte.

»Im Lager haben wir Steine geschleppt. Riesige Brocken. Manchmal hatten sie scharfe Kanten. Sie waren grau. Ich kann diese Farbe bis heute nicht ertragen. Zwei Jahre später, im Winter, konnte ich das Wasser nicht mehr halten. Wenn der Körper ausgehungert ist, fallen überflüssige Muskeln aus, weißt du. Der Schließmuskel zum Beispiel. Und wenn's Minusgrade gibt, vereist das Zeug und scheuert die Schenkel auf, obwohl die schon zwanzig Zentimeter auseinander stehen.«

Im »Tasso« spielten sie den sentimentalsten aller Tangos – ›Sueño de juventud‹, »Traum der Jugend«. Vor uns drehten sich die Paare in ihren Umarmungen und das Reiben ihrer Schuhsohlen auf dem Boden wirkte wie eine grazile Form kollektiven Schnarchens.

»Und dann kam die Sache im Duschraum«, sagte Paul.

»Mi pobre corazón no sabe pensar...«, sang eine Frau und sie hatte Recht. Ich wollte nicht denken, ich wollte mir nichts mehr vorstellen. Es war mir egal, was Paul im Duschraum passiert war. Aber dann dachte ich, dass es meine Schuld war, dass er sich wieder daran erinnerte. Ich hatte ihn dahin gebracht mit meiner idiotischen

Neugier, mit meiner blöden Geduld. Seine Lippen öffneten sich.

»Hör auf!«, wollte ich schreien, aber ich sagte es nur in Gedanken.

»Du kannst dir sowieso nicht vorstellen, was dieser Soldat mit mir gemacht hat«, sagte Paul. Ich sah es. Paul stand im betongrauen Duschraum. Er war nackt und dieser Soldat öffnete seinen Koppel.

»Außer meiner Frau hab ich das noch niemals jemandem erzählt«, sagte Paul und verstummte.

»Mensch, Paul«, entfuhr es mir. Eine Grimasse brach sich durch seine versteinerte Miene, irrte von Wut zu Entsetzen und Scham, bis sie plötzlich in einem Grinsen einrastete.

»Na, zumindest hab ich in diesem Moment mal nicht gefroren«, meinte er.

Ich lächelte schwach. Es schien mir das Einzige zu sein, was ich für ihn tun konnte.

Als der Tango zu Ende war, sagte Paul: »Das Schlimmste ist, dass so eine Erinnerung in dich eindringt. Du wirst sie nicht mehr los. Ich wollte nicht mehr. Ehrlich. Damals konnte man sich entscheiden, zu sterben, und viele haben das auch gemacht. Wie sie am Morgen dalagen, so ganz friedlich ... Aber mein Kumpel hat mich nachts immer geweckt, wenn er mich nicht mehr atmen gehört hat. Du haust mir nicht ab, du nicht, hat er gesagt. Ohne ihn hätte ich's getan ... Immer diese Angst, dass der Soldat das noch mal machen könnte oder mich einfach erschießen, der musste ja auch Angst haben, dass ich es weitererzähle ...«

Plötzlich stand der Mathematiklehrer vor uns. Er bat darum, dass wir uns vom Rand der Tanzfläche entfernten, er sei nicht länger an unserem Gespräch interessiert.

Paul wurde rot und fing an, sich bei ihm zu entschuldigen. Der Lehrer setzte hinzu, er wolle es nicht noch einmal erleben, dass Paul eine junge Touristin mit seinen schweinischen Fantasien behellige.

»Ich komme schon allein zurecht«, sagte ich zu ihm. Dann winkte ich dem Kellner, der aber schon auf dem Weg zu uns war.

»Der Lehrer ist ein Idiot«, sagte ich laut und nahm beim Hinausgehen Pauls Arm.

Auf der Straße wollte Paul sich verabschieden. Seine Bushaltestelle läge auf der anderen Seite des Lezame-Parks.

Ich hatte noch immer den Duschraum im Kopf. »Ein Spaziergang wird uns vielleicht gut tun«, sagte ich. Im Park setzten wir uns auf eine Bank.

»1948 haben sie mich wegen Unterernährung dem Roten Kreuz übergeben.« Es schien, als hätte Paul diesen Satz schon hundert Mal in seinem Leben gesagt. Als er weitersprach, hörte ich das Weinen wieder. »Nach sechs Wochen kam ich zu Hause an. Die Konditorei gab's nicht mehr. Meine Eltern waren tot. Mein Bruder musste mich die Treppen hochtragen. Es hat Wochen gedauert, bis ich wieder aufstehen konnte.«

Ich nahm seine Hand. Paul tat, als würde er es nicht bemerken.

»Aber warum bist du ausgewandert? Und warum nach Argentinien?«, fragte ich.

»Die Ruinen, überall war dieses Grau und dieser Geruch ... Eines Tages hab ich einen getroffen, der auch im Lager war. Der hat mich zu sich nach Hause eingeladen. Er saß im Sessel und die ganze Familie lief um ihn rum und bediente ihn. So überlebst du das nie, hab ich zu ihm gesagt. Der hat nicht mal verstanden, was ich meinte. Da war mir klar, dass ich abhauen musste. Ich hatte einen Cousin in Argentinien, der die Bürgschaft für mich übernahm. Auf dem Schiff hab ich zum ersten Mal gefragt, was die hier für eine Sprache sprechen. Und die kann ich bis heute nicht richtig.«

Zum ersten Mal sah ich Paul lachen. Sein Anfangskapital sei das Rezeptbuch seiner Eltern gewesen. Er gründete eine Konditorei. In den besten Zeiten lieferte er Törtchen mit dem Namen »*Venusito*« bis nach Feuerland.

»Ich dachte«, sagte Paul und umschloss meine Hand fester, »irgendwann habe ich so viele rosa und weiße Kringel aus Buttercreme gemacht, dass dieses Grau verschwindet. Aber die Nächte, die ich mit meiner Frau erlebt hab, wo ich mal das Gefühl hatte, jetzt wäre es ganz weg, die kann ich zählen. Es waren drei. Ich bin sicher, es waren genau die drei, in denen wir unsere Kinder gezeugt haben. Für das erste haben wir zehn Jahre gebraucht.«

Wir standen auf und gingen zur Haltestelle.

Noch immer hielten wir uns bei den Händen. Ich fragte, wie lange seine Frau schon tot sei.

»Fünf Jahre«, antwortete er. Mit einem Mal zog er seine Hand aus meiner und vergrub sie in der Hosentasche.

»Und seitdem gehst du zu Milongas und schaust zu, wie fremde Männer fremde Frauen anfassen«, sagte ich vorsichtig.

»Was glaubst du wohl, warum ich nur zuschaue? Was kommt denn dabei heraus? Was sollte das denn jetzt mit deiner Hand in meiner? Es war ja nur der Händedruck zum Abschied. Ich hab dir meine Geschichte erzählt, und du wirst mich damit sitzen lassen und mit dem nächsten weitertanzen.«

Wir waren an der Haltestelle angelangt. »Paul«, sagte ich, »bin ich seit dem Tod deiner Frau wirklich die Erste, der du die Sache mit dem Duschraum erzählt hast?«

Er rieb sich das Gesicht. »Ja, das hab ich doch schon gesagt.«

Ich küsste seinen faltigen Hals. »Dann lass uns zusammen zu dir gehen.«

Paul fing zu lachen an. Er wollte sich gar nicht mehr beruhigen. Als der Bus kam, stoppte er ihn mit einem kurzen Winken. Die Tür stand offen. Er schwang sich die Stufen hinauf und rief dem Fahrer zu: »Alles wird gut.«

»*Sí, claro. ¡Como no!*«, antwortete der Fahrer und gab Gas.

»Gute Reise«, rief Paul aus der offenen Tür und verschwand in der nächsten Querstraße.

Ich ging zurück. Aus dem »*Tasso*« wehte ein Schmachtfetzen aus den vierziger Jahren herüber, aber zum Tangotanzen hatte ich keine Lust mehr. Ich setzte mich auf die Bank im Park, auf der ich mit Paul gesessen hatte. Etwas floss über mein Gesicht. Zuerst wusste ich nicht, was das sein sollte, bis ich darauf kam, dass es eine von Pauls Tränen war.

Gretas Paare

Sie hatten sich wegen des *punto cero* gestritten, dem unsichtbaren Punkt zwischen einem Mann und einer Frau, um den sich all ihre Bewegungen drehen, die Schnittstelle ihres Gleichgewichts.

»Nur dieser Nullpunkt macht es euch möglich, immer wieder etwas Neues zu tanzen, erst dann wird es wirklich Tango«, hatte Ricardo ihnen erklärt. »Natürlich ist es notwendig, Schrittfolgen zu lernen. Aber was könnt ihr da falsch machen? Ihr seid so viele Schritte in eurem Leben gegangen. Ihr müsst lernen, sie zu zweit zu gehen.«

Wie alle argentinischen Tangolehrer sprach Ricardo über ein solches Detail, als hinge Leben und Tod der Tänzer davon ab.

Maik beobachtete ihn wie einen schwierigen Verhandlungspartner. »Und wo liegt dieser Punkt genau?«

»Das musst du selbst herausfinden.« Ricardos Lächeln blieb so ruhig, dass es fast an Provokation grenzte. Aber dann fügte er hinzu: »Für den Anfang hilft es, wenn du deinen Blick auf eine bestimmte Stelle konzentrierst, zum Beispiel hier auf diesen Leberfleck.« Er tippte leicht auf den kaffeebraunen Punkt, der auf Carolins Schlüsselbein saß.

»Alles klar«, sagte Maik und nahm Carolin wieder in seinen Arm. Es war wie immer. Was er tat, stand in Beziehung zu ihr. Aber es ging dabei so wenig um sie, wie es jetzt um ihren Leberfleck ging, dachte Carolin. Sie behielt ihre Gedanken für sich und konzentrierte sich auf Maiks oberen Hemdknopf.

Seit einem Jahr nahmen sie Tangounterricht. Zuerst hatte Maik sich gewehrt. In seiner Position könne er nicht mehr jede Kinderei mitmachen, die seiner Frau in den Kopf käme. Zum Glück erzählte ihnen ein Geschäftspartner auf einer Party, dass er Privatstunden nahm. Als Maik einmal angefangen hatte, entwickelte er bald den Ehrgeiz, Carolin in jede erdenkliche Figur zu führen. Er war es dann auch gewesen, der die Reise nach Buenos Aires vorgeschlagen hatte. Um professioneller zu werden, wie er es ausdrückte. Man hatte sie gewarnt. Sie wären nicht die Ersten, die danach die Scheidung einreichen würden.

Nach dem Unterricht bei Ricardo waren sie direkt zur Milonga gegangen. Es war ein warmer Novemberabend. Violett blühten die Jacarandas an den Straßenrändern und ein milder Wind wehte vom Río de la Plata herauf.

Im »*Parakultural*« wurden melancholisch langsame Stücke gespielt. Sie hatten erst den dritten Tango getanzt, als Maik plötzlich stehen blieb. »Du konzentrierst dich nicht auf den Nullpunkt. Ich muss dich bei jedem Schritt neu suchen.«

Sie standen den anderen Tanzpaaren im Weg, wurden angestoßen. Alles Paare, die solche Probleme nicht hatten, dachte Carolin und ging zu ihrem Tisch zurück. Maik lief ihr nach. »Bist du verrückt geworden, mich stehen zu lassen wie einen Idioten?«

»Wenn du dich idiotisch benimmst.«

Sie setzten sich, die Blicke parallel auf die Tanzfläche gerichtet.

Maik hielt so etwas nie lange aus. Er stand auf, um eine

Argentinierin aufzufordern. Es war eine von diesen wasserstoffblonden Schönheiten, die sich samstags hinter das Schaufenster eines Kosmetikstudios setzten, um sich vor den Augen der Passanten die Fußnägel maniküren zu lassen. Wie eine Giraffe schritt sie um den großen blonden Europäer herum. Carolin wurde schon lange nicht mehr eifersüchtig. In solchen Momenten half es ihr, Maik genau zu beobachten. Anstatt auf die Frau konzentrierte er sich auf seine Füße. Das verriet ihr sein Blick. Genauso sah er sie an, wenn sie ihm etwas erzählte und er beim Zuhören über seine aktuellen Projekte nachdachte.

Carolin wurde von einem alten Herrn aufgefordert, der sie fest an seinen großen Bauch drückte. Während sie mit ihm tanzte, dachte sie über die Sache mit dem Nullpunkt nach.

»Weißt du, was unser Problem ist?«, fragte sie Maik, als sie wieder im Hotelzimmer waren. Maik hatte ihr den Rücken zugewandt. Er stand vor dem Kleiderschrank und schüttelte sich das Jackett von den Armen.

»Diesen Nullpunkt hat es noch nie zwischen uns gegeben«, antwortete Carolin sich selbst. »Wir haben ein gemeinsames Konto, ein gemeinsames Wohnzimmer, eine Eheurkunde, bei den Empfängen deiner Investoren treten wir als Traumpaar auf, aber heute Abend habe ich zum ersten Mal begriffen, dass wir uns noch nie wirklich begegnet sind. Ein Mann und eine Frau, die im Grunde nichts voneinander wissen.«

Maik drehte sich um. Der weinrote Schlips lag aufgeknotet über seiner nackten Brust.

»Chérie, du sprichst in Rätseln.«

»Was glaubst du, warum wir nach sechs Jahren Ehe angefangen haben, Tango zu tanzen?«, fragte Carolin.

Er hob die Schultern.

»Wir haben unsere Beziehung nach Mustern von außen aufgebaut. Und allmählich fangen wir an, darin zu erstarren. Wir müssen von vorn anfangen, genauso, wie es Ricardo gesagt hat.«

»Für mich ist das nicht so.«

»Ich weiß, dass es für dich nicht so ist, Maik. Sonst wärst du heute Abend auf die Idee gekommen, trotz kleiner Unstimmigkeiten auch mal mit deiner Gattin zu tanzen.«

»Aber, Liebling, warum soll ich mit dir tanzen, wenn du gerade sauer auf mich bist? Bisher warst du doch immer damit einverstanden, dass ich in solchen Situationen mit anderen Frauen getanzt habe. Und du mit anderen Männern. Danach ging es mit uns beiden doch ganz automatisch wieder besser. Ich kann nicht glauben, dass du dich mit einem Mal darüber aufregst.«

»Ich rege mich nicht auf, ich hätte nur gern mit dir getanzt, mehr nicht.«

»Chéri, du hättest immer gern etwas, was ich nicht will. Vielleicht finden wir deswegen diesen Nullpunkt nicht. Aber um ehrlich zu sein, ich weiß auch gar nicht, warum ich diesen verdammten Punkt unbedingt suchen soll. Der einzige Nullpunkt, an den ich kommen kann, ist, dass ich irgendwann keine Lust mehr darauf habe, mich mit Problemen zu beschäftigen, die für mich gar nicht existieren.«

In Maiks Stimme lag wieder dieser Ton, der Carolins Magen verkrampfen ließ.

»Und im Übrigen hatte ich nicht vor, in Buenos Aires zum Tangobuddhisten zu werden«, fuhr er fort. »Ich will einfach nur tanzen, nichts weiter.«

»Und es ist dir egal, ob du das mit mir oder einer anderen Frau tust.«

»Ja, das ist es.«

Carolin steckte sich eine Zigarette an. Ein Mittel, um die Magenschmerzen für kurze Zeit zu besänftigen. Sie waren an dem Punkt angelangt, an dem sie einen solchen Streit für gewöhnlich beendeten. Obwohl Carolin jedes Mal Lust hatte, etwas ganz Bestimmtes zu sagen. Aber sie hatte es nie getan. Jeder, der Maik kannte, würde wissen, wie er reagieren würde. Ihr Herz schlug bis in die Ohren, als sie es sagte:

»Dann geh doch.«

Maik wurde sehr ruhig. Genauso hatte sie es erwartet. Sie schaute ihm zu. Als die erste Zigarette zu Ende war, steckte sie sich die nächste an. Mit dem Koffer in der Hand öffnete Maik die Zimmertür und blieb stehen. Carolin blies hörbar den Zigarettenrauch aus. Sein Jackett fiel sehr gerade von den breiten Schultern herab. Er sah sich nicht um. Er zog die Tür hinter sich zu.

Nach einer Weile stand Carolin vom Bett auf und trat hinaus auf den Balkon. Das Zimmer lag im fünfzehnten Stock. Unter ihr strömten weiße Scheinwerfer und rote Rücklichter aneinander vorbei wie rote und weiße Blutkörperchen. Den Pulsschlag gaben die Ampeln. Am Horizont begann es schon wieder hell zu werden, als Carolin sich endlich auszog und aufs Bett legte. Sie breitete die Arme aus, als wäre Freiheit etwas, das man umarmen könnte.

Beim Aufwachen fiel ihr Blick auf die ausgeräumte Schrankhälfte. Es war, als griffe eine Hand in ihren Magen. Sie hätte Maik zurückhalten müssen. Sie ging ins Bad und drehte das Wasser auf. Der Brausekopf sprang aus der Halterung und schleuderte eine Fontäne über die gefliesten Wände. Es war schrecklich, wie oft die Dinge ihr aus den Händen glitten, zerbrachen oder kaputtgingen.

Sie ging auf die Straße. Obwohl es Sonntag war, hatte

die Boutique neben dem Hotel geöffnet. Carolin kaufte sich das Kleid, dessen Preis für Maik »in keinem Verhältnis« gestanden hatte. Als sie die Boutique wieder verließ, war ihr Rücken kirschrot umrahmt. Das alte Kleid hatte sie dort gelassen. Sie trug nichts weiter mit sich als eine kleine Tasche, die ihr an einem Lederband über die Schulter hing. Das Kleid war so übertrieben wie ein Theaterkostüm. Es war lange her, dass Carolin gespielt hatte. Maik mochte es nicht, wenn sie auf die Bühne ging, und für die Rollen, die man ihr anbot, hätte sich ein Streit mit ihm nicht gelohnt. Ab und zu nahm sie Angebote im Hörfunk an. Maik betonte bei jeder Gelegenheit, dass Carolin das vor allem für sich tat und dass er das gut fand.

In den Schaufenstern der Avenida de Mayo betrachtete sie ihr Spiegelbild. Sogar neben den Modellpuppen konnte sie mit sich zufrieden sein. Ein Mann stieß sie leicht an, um sich kurz darauf lächelnd bei ihr zu entschuldigen. Dieser Unbekannte schien mehr von ihr zu verstehen als Maik. Sie bog in die Defensa ein und balancierte mit gespreizten Armen über das holprige Pflaster.

Wie jeden Sonntag war Greta auch heute auf die Plaza Dorrego gegangen, um ihre Zeichnungen anzubieten. Ihre Rente war selbst mit dem Zuschuss aus Deutschland so niedrig, dass sie gerade einmal das Nötigste damit bezahlen konnte. Sie hatte bisher kein einziges Blatt verkauft und wollte noch eine Weile warten, auch wenn die Nachbarn schon anfingen, ihre Stände abzubauen. Als die Frau im roten Kleid sich an den wackligen Holztisch lehnte, legte Greta unwillkürlich eine Hand auf den Tisch. Der Stoff des Kleides war so dünn, dass sie die Wülste an den Rändern der engen Unterwäsche sehen konnte. Die junge Frau beugte sich vor. Dabei rutschte ihr Täschchen herab und fiel auf ein Aquarell. Sie zog das Lederband wieder an ihrem nackten Arm hinauf. »¿*Quántos años es?*«, fragte sie.

»Sie können ruhig deutsch sprechen«, antwortete Greta.

»Oh . . .« Die Frau machte eine Pause. »Haben Sie die gemalt?«

»Ja, ich selbst. Früher, in den ersten Jahren, die ich hier war.«

»Wann war das denn?«

»Neununddreißig.«

»Ach so?«

»Wieso wundert dich das?«

Die junge Frau sah sie mit einem Anflug von Entrüstung an. Es war wohl in Deutschland nicht mehr üblich, dass alte Frauen die jungen einfach duzten. Aber dann spürte Greta, dass die andere unsicher wurde. Sie könne sich erinnern, mal etwas über die Emigration nach Südamerika gelesen zu haben, sagte sie vorsichtig.

Wenn überhaupt, dann kannst du dich höchstens an irgendeine Überschrift erinnern, dachte Greta.

Die Frau sah auf die Bilder vom Hafen. »Und Sie sind mit dem Schiff gekommen?«

Greta fand, dass sie auf eine Frage, die eigentlich eine Aussage war, nicht zu antworten brauchte. Die junge Frau fuhr allein fort: »Und auf dem Schiff, das waren alles . . .?«

Wie sie rot wurde und das Wort nicht über die Lippen bekam.

Jetzt half Greta gern nach. »Juden. Ja, natürlich. Was sonst? Die anderen kamen erst nach '45.«

Die junge Frau schwieg eine Weile, dann wechselte sie das Thema. »Und wieso zeichnen Sie nur Paare?«

Komische Frage. Das wollte noch nie jemand wissen. »Es sind halt Tangobilder. Eigentlich waren es Umschlagentwürfe für Notenhefte. Das Beste an ihnen ist, dass ich sie aufgehoben habe. Dass sie mal so begehrt sein werden, hat ja damals niemand geahnt.«

»Aber warum haben Sie nur Paare gezeichnet? Ich meine, ich hätte schon solche Bilder gesehen, wo nur ein Mann drauf war oder nur eine Frau.«

Solange Greta Paare gezeichnet hatte, musste sie nicht an Victor denken, ganz einfach. Aber das würde sie doch keiner Fremden erzählen. Und eigentlich war es auch anders. Solange sie gezeichnet hatte, konnte sie an Victor denken, ohne dass es so weh tat. Und in Wirklichkeit war es noch anders. In dem Moment, wo sie ihn zu zeichnen anfing, gelang es ihr überhaupt erst, sich an ihre gemeinsamen Tage zu erinnern.

Aber das war alles so lange her, und die Deutsche schien auch gar nicht mehr auf eine Antwort zu warten. Sie hielt eins von den Blättern in ihren rot lackierten Fingern. Ein Paar auf einem Schiff.

Greta lehnt an der Reling, den Blick gesenkt. Victor schaut sie an. Auf dem Schiff sind sie sich zum ersten Mal begegnet. Schon am dritten Tag erklärt Victor, sie wäre seine ganz große Liebe.

»Kein Wunder, dass man sich hier verliebt, man hat ja sonst nichts zu tun«, sagt Greta. Victor dreht sich weg und starrt auf das Meer, als wolle er mit seinen Blicken die Horizontlinie krümmen. Greta fühlt, dass er die ganze Welt dafür verantwortlich macht, dass sie ihm so eine trockene Antwort gibt.

»Vielleicht verliebst du dich ja grad wieder ins Leben«, setzt sie leise hinzu und legt eine Hand auf die Reling. Victor berührt sie zuerst nur mit der Fingerspitze, bis nach und nach ihre Hände zueinander finden.

Die Touristin fragte jetzt, was das Bild kosten würde.

»Was es dir wert ist, mein Kind.«

Nach Gretas Erfahrungen die beste Preisangabe. Die meisten Deutschen zahlten mehr, als sie je verlangt hätte.

Ein Mädchen mit schwarzen Locken kam mit einem jungen Mann an den Stand. Vorsichtig beugten sie sich über die Blätter. Die Frau im roten Kleid griff mit ihren langen Fingernägeln nach dem nächsten Blatt und hielt es in die Höhe.

Julietta mit einem ihrer Kunden. Während Greta dieses Bild malt, muss sie die Arbeit oft unterbrechen.

»Am besten, du rührst deine Farben gleich mit deinen Tränen an«, sagen die Mädchen aus der Pension. »Das ist bestimmt gut fürs Geschäft.«

Sie sind so abergläubisch. Sie sind aus allen Ecken des Landes gekommen, um in der Stadt ein besseres Leben zu finden. Greta ist froh, unter ihnen zu sein, auch wenn sie in ihren Augen die Exotischste von allen ist. Wenn sie ihnen von den Rassengesetzen erzählt und davon, dass man ihr und Victor und allen anderen bis auf zehn Mark das ganze Geld abgenommen und zur Steuer erklärt hat, werden sie vor Bestürzung ganz unbeholfen und Julietta schickt ihre Schnapsflasche in die Runde. Das Einzige, womit sie was anfangen können, auch wenn sie es nicht verstehen, ist, dass Greta bisher keinen anderen Mann hatte als Victor und nun auch keinen anderen mehr will.

Auch Victor wollte es zuerst nicht glauben. »Eigentlich müssen wir Hitler dankbar sein«, sagt er. »Ohne den wären wir nicht auf dieses Schiff gegangen, hätten uns nie getroffen, und dann wärst du wohl für immer Jungfrau geblieben.«

»*Look, what a nice picture*«, sagte das schwarzhaarige Mädchen zu ihrem Begleiter, der offenbar Argentinier war. Er zeigte auf das Hochzeitsbild und übersetzte die Frage des Mädchens, ob die Hochzeit auf dem Schiff stattgefunden hätte.

Greta erklärte dem jungen Mann, dass damals alle allein stehenden jungen Frauen versuchen mussten, vor der Einreise jemanden zu heiraten. Sie hatten Angst, nach Deutschland zurückgeschickt zu werden, weil man in Argentinien die Ausbreitung der Prostitution befürchtete.

»*How interesting*«, sagte das Mädchen leise und Greta konnte am Akzent hören, dass auch sie eine Deutsche war.

So viel nützt ihnen der Trauschein des Rabbiners letztendlich nicht. Sie suchen lange, bis sie endlich ein Zimmer finden. Und die Wirtin lässt sich auch nur erweichen, weil Greta erschöpft von den vielen Absagen zu weinen beginnt und Victor der Alten eine Geldspende in die Schürze schiebt, was Greta noch mehr zum Weinen bringt.

Seit ihrer Hochzeit haben sie nur in Massenunterkünften geschlafen und liegen in dem schmalen Bett zum ersten Mal allein nebeneinander.

»Jetzt beginnt für uns ein neues Leben«, sagt Victor. »Eine ganz große Zeit.«

Ich hab das Gefühl, wir hätten die Fußtritte im Gepäck mitgeschleppt, denkt Greta. Aber sie spricht es nicht aus. Wozu soll das auch gut sein. Victor liegt neben ihr und auch wenn sie ein bisschen Angst hat, kann sie es ja selbst kaum erwarten . . .

»Was meinen Sie mit den Fußtritten?«

Hatte sie etwa laut gesprochen? Wieso war diese Frau nicht weitergegangen wie die anderen beiden?

»Wo haben Sie eigentlich so toll zeichnen gelernt?«, fragte sie jetzt.

»In Dessau. Im Bauhaus«, antwortete Greta.

Genauso wie die junge Frau staunt auch der ehemalige Mandant von Victor. Er hat in einem Vergnügungsviertel eine Bar eröffnet und stellt Greta auf der Stelle ein. Als Werbegrafikerin, wie er sagt. Ob es denn so viel zu zeichnen gäbe, fragt ihn Victor. Wenn nicht, könne sie ja Gläser spülen, meint Gretas neuer Chef. Und Victor soll froh sein, dass wenigstens seine Frau eine Arbeit gefunden habe, denn für ihn sieht es doch sehr schlecht aus. Mit deutschen Gesetzen kann man in Argentinien keinen Peso verdienen.

Die Frau nahm ein neues Blatt in ihre Hände. Greta auf dem Barhocker. Vor ihr steht ein Schnapsglas auf der Theke, hinter ihr ist ein Mann, der ihr den Arm um die Taille schlingt. Es ist der Arzt.

»Das sieht irgendwie gruselig aus. Obwohl man gar nicht erkennen kann, woran das liegt. Vielleicht am Blick dieses Mannes«, sagte die Frau. Eine Antwort schien sie nicht zu erwarten.

»Gruselig«, murmelte Greta leise vor sich hin und ihre Schultern zuckten, als könnten sie die Erinnerung abwehren.

Victor hat Schmerzen im Bauch bekommen. Er versucht Greta zu beruhigen. Alles nur psychisch, sagt er. Sobald er Arbeit gefunden hätte, würden sie schon von selbst weggehen. Eines Nachts wacht sie auf. Er liegt zusammengekrümmt neben ihr. Als wolle er seine Schmerzen vor ihr verstecken. Sie zieht sich an, läuft los, klingelt einen Be-

kannten aus dem Bett, der sie zu einem anderen schickt,
der einen kennt, der wiederum jenen Arzt kennt. Der
kommt, untersucht Victor kurz und sagt, die Sache sei
ganz einfach. Akute Blinddarmentzündung. Er könne die
Operation nicht selbst vornehmen, sie aber gleich bis ins
nächste Krankenhaus fahren. Ob sie die vierhundert Dol-
lar dafür zur Hand hätten?

Erst später wird sie erfahren, dass es Ärzte gibt, die
auch auf Rechnung operieren. Sie kennt sich eben nicht
aus in diesem Land. Wieder läuft sie von einem Bekann-
ten zum nächsten, jeder kann irgendwoher etwas Geld be-
schaffen, am Abend hat sie die vierhundert zusammen. Sie
bringen Victor zur Notaufnahme in ein Krankenhaus, wo
er noch in der Nacht operiert wird. Zu spät. Als Greta zu
ihm darf, ist es nur, damit sie ihn noch ein letztes Mal se-
hen kann.

Eine Bewegung auf dem Tisch riss Greta aus ihren Gedanken. Die Frau legte endlich ihr ständig herabrutschendes
Täschchen ab. Dann schaute sie wieder auf die Zeichnung
mit dem Barhocker. Irgendetwas daran schien sie zu stören,
aber gleichzeitig ihren Blick zu fesseln. Wahrscheinlich die
Art, wie der Mann das Mädchen von hinten umfasste.
Greta hatte seinen Arm ziemlich brutal gezeichnet.

Nach Victors Tod muss Greta noch einmal zu diesem Arzt
gehen. Was sie mit einem Kind wolle, dem sie nicht mal
Windeln kaufen könne, hat Julietta auf sie eingeredet. Sie
habe wohl keine Ahnung, wie streng die Moral in diesem
Land sei. Es ist der einzige Arzt, den Greta kennt, und er
macht es für die Hälfte.

»Klar, der hat ja ein schlechtes Gewissen, der Hund.«

Hatte sie schon wieder laut gesprochen? Jedenfalls schaute die Deutsche sie verwundert an.

Zögernd legte sie das letzte Bild auf zwei andere.

»Sind Sie mit sechzig Dollar einverstanden?«, fragte sie.

Sechzig Dollar, so hoch ist das erste Honorar, das Greta vom Musikverlag bekommt. Für zehn Bilder. Es ist viel. Aber noch sind die Schulden für die beiden Operationen nicht getilgt. Tagsüber zeichnet sie und bis spät in die Nacht spült sie Gläser. Dieses Spülwasser. Es ist, als wären es ihre Tränen, die sie selbst schon nicht mehr weinen kann. Abgenutzte, schmuddelige Tränen. Mit den Honoraren hätte sie das Kind ja doch ernähren können.

»Es ist in Ordnung«, sagte Greta, legte das Packpapier auf den Tisch, gebrauchte Bögen, aus denen sie die passende Größe auswählte.

»Sie rollen die Zeichnungen aber nicht ein, nicht wahr?«

Sieh an, dieses junge Ding hatte Ahnung davon, wie man Papier behandelte. Das hätte Greta ihr gar nicht zugetraut.

Carolin nahm das flache Paket schützend unter ihren Arm und balancierte es an den Passanten vorüber. Greta sah ihrem nackten Rücken nach. In der Taille wechselten sich im Rhythmus ihrer Schritte zwei Falten ab. Links, rechts, links, bis sie in der Menge verschwunden war. Als Greta das restliche Packpapier vom Tisch nahm, kam das Umhängetäschchen mit dem dünnen Lederband wieder zum Vorschein.

Sie hatte den Markt diesmal als Letzte verlassen. Die junge Frau war nicht zurückgekehrt. Zu Hause schloss Greta ihre Tür ab und ließ die Rollläden herunter, bevor sie das

Täschchen öffnete. Es ließ sich aufklappen wie eine Brieftasche. Im großen Fach lagen vier Scheine. Mit zitternden Händen legte Greta die Scheine auf dem Margeritenmuster der Wachstuchdecke nebeneinander und reihte auch die Münzen aus dem kleinen Fach dahinter auf.

400 Dollar, elf Pesos und achtzig Centavos, zählte Greta.

Das Gefühl, dass Victor ihr über die Schulter sah, wurde immer stärker.

»Schau mal, Victor, ist es nicht lächerlich? Fast dieselbe Summe wie damals.«

»Die elf Pesos achtzig sind die Zinsen«, sagte Victor.

Endlich ließ er sich hören.

»Siehst du, alles was man im Leben verliert, bekommt man irgendwann wieder zurück.«

»Ich bitte dich, Victor. Das ist doch alles nur Zufall. Und denk mal an die Kleine. Sie wird schon ganz verzweifelt sein.«

»Warum soll sie verzweifelt sein? Hast du nicht so viel verlangt, wie ihr die Bilder wert sind? Na also. Dieses Mädel ist das Medium höherer Gerechtigkeit. Alles gleicht sich irgendwann aus.«

»Als ob du mit Geld auszugleichen wärst! Außerdem hat sie ja wohl nicht mit allen Karten bezahlen wollen. Die braucht sie doch. Schau, hier ist sogar der Hotelausweis. Cabildo, Ecke Maipu, das ist gar nicht weit von hier.«

»Willst du die Tasche etwa zurückbringen?«

»Willst du etwa, dass ich auf meine alten Tage zur Diebin werde?«

»Greta, sei nicht albern. Du hast ihr Kleid gesehen. Sie kann das Geld bestimmt entbehren.«

Greta schwieg.

»Dann schick die Kreditkarten anonym zur Polizei«, schlug Victor vor.

»Und du glaubst, die Polizei würde sich darum kümmern? Victor, heutzutage muss man so was selbst in die Hand nehmen.«

»Aber du könntest dir endlich ein Heizgerät leisten.«

»Was soll mir das nützen, wenn ich den Strom nicht bezahlen kann?«

Greta strich die Scheine zusammen und steckte sie in die Börse zurück.

Jetzt schwieg er. Das war sein Trick, um herauszubekommen, was wirklich in ihr vorging.

»Also gut, ich gebe es zu. Zuerst mochte ich sie nicht leiden. Aber sie hat Ahnung von Bildern. Hast du gesehen, wie vorsichtig sie die Blätter getragen hat? Ich würde eben gern ein bisschen mit ihr plaudern.«

»Auf Deutsch«, ergänzte Victor.

»Nun ja, nur so ein bisschen. Beim Mate.«

»Die Deutschen trinken keinen Mate«, entgegnete er, fügte dann aber unsicher geworden hinzu: »Wenn ich mich recht erinnere.«

»Das kann ich sie ja fragen.«

»Greta, in ganz Buenos Aires gibt es nicht einen einzigen Menschen, der so verrückt wäre, einem unbekannten dummen Ding vierhundert Dollar hinterherzutragen, bloß um sich einmal nett zu unterhalten. Bitte sie wenigstens um einen Finderlohn.«

»Einen Teufel werd ich ...«

»Dann nimm ein paar Bilder mit, die sie dir aus Dankbarkeit abkaufen kann.«

Greta lachte. So war Victor. Er ließ nicht locker, bis er nicht für jedes Problem eine Lösung gefunden hatte. Sie suchte eine Auswahl von zwanzig Bildern zusammen. Bilder aus den ersten Jahren, in denen sie kaum etwas anderes als sich und Victor gemalt hatte. Bis der Verlag sie eines

Tages um andere Motive bat. Greta hatte das verstanden. Sie selbst war der Wiederholungen müde geworden. Kurz nachdem sie aufgehört hatte, Victor zu zeichnen, hatte er begonnen, mit ihr zu sprechen.

Den ganzen Weg zum Hotel schwieg er. Als wolle er sie doch noch zur Umkehr bewegen. »Dann halt mich eben für verrückt«, zankte sie mit ihm. »Ist mir egal.«

Dem Portier sagte Greta, die Dame habe einen Hausbesuch gewünscht, weil sie sich für spezielle Motive interessiere. Bereitwillig zeigte er ihr den Weg zum Fahrstuhl.

Arm schien die junge Frau wirklich nicht zu sein. Der Fahrstuhl war rundum mit Spiegeln verkleidet. Greta betrachtete die roten Äderchen in ihren Augen. Von Jahr zu Jahr wurden es mehr. Sie machte ein ziemlich beklommenes Gesicht. Als würde es Schlange stehen, setzte sich dieses Gesicht im Spiegel in einer unendlichen Reihe nach hinten fort. Als die Automatiktür sich öffnete, straffte Greta ihren Rücken so gut es ging. Der Teppich verschluckte das Geräusch ihrer Schritte, während sie im langen Flur nach der richtigen Zimmernummer suchte. Sie hatte die Tür noch nicht gefunden, als sie Carolin bereits hörte.

»Ich bin überhaupt nicht hysterisch! Es handelt sich hier um Fakten ... Ich hatte nicht mal deine Telefonnummer ... Du hättest viel früher anrufen müssen, um sie mir durchzugeben ... Natürlich kann ich die Karte sperren lassen, aber du bist der Einzige, der eine neue für mich bestellen kann ... Weißt du, wie das ist, wenn man zwei Stunden lang kurz vorm Durchdrehen ist? ... Es gibt gemeinsame Konten, wo die Partner gleichberechtigt sind ... Die gab's auch vor sieben Jahren schon! ... Du hast bloß nicht danach gefragt! ... Siehst du! Weil du willst, dass ich von dir abhängig bin wie ein kleines Kind ... Was soll das heißen, das ist auch besser so? . . . Ach, dem Herrn Diplom-Ökonom würde so etwas nie passieren? . . . Das ist mir verdammt noch mal egal . . . Waaaaaas?«

Etwas krachte gegen die Wand. Die Stimme der Frau wurde noch schriller.

»Mist! Jetzt ist auch noch das Telefon im Arsch. Verdammt . . .«

Zum Glück gab es eine Ecke, hinter der Greta verschwinden konnte, bevor die Frau die Tür aufriss. »Portier, äh, *camarero, chico, hola* . . . Typisch, den ganzen Tag marschieren sie sinnlos auf dem Flur rum, und wenn man sie braucht, sind sie nicht da, Dreckskerle, verdammte Spannermachos.« Sie knallte die Tür wieder zu.

Greta lief, so schnell ihre Beine es erlaubten, zum Fahrstuhl zurück.

Der Portier machte große Augen.

»Geh mal rauf. Das Fräulein hat ein Problem mit dem Telefon«, sagte Greta.

»Ich schicke gleich jemanden. Aber was ist mit Ihnen los? Sie zittern ja am ganzen . . . Setzen Sie sich doch. Pablo, hol mal ein Glas Wasser.«

»Lass gut sein, Junge. Das ist ganz normal. Ganz normal in meinem Alter.«

Sie schaffte es allein durch die Halle.

»Viel Glück, Señora«, hörte sie den Portier noch, bevor sich die Glastür hinter ihr schloss.

Und dann war schon Victor da. »Siehst du. Ich hatte Recht. Das Geld steht dir zu. Ich hoffe, nun vertraust du deinem Schicksal endlich.«

»Schicksal? Ein Scheusal ist die. Wer sich so benimmt, hat eine Strafe verdient, nicht wahr, Victor?«

Victor lachte. »Nimm's wie du willst. Aber nimm das Geld.«

»Du siehst doch, ich nehme es ja schon.«

Die Ampel schaltete auf rot, als Greta den Fuß auf die Straße setzte. Zwei Scheinwerfer rasen auf sie zu, der Schmerz ist so stark, dass er nicht auszuhalten ist.»... Victor? ... Victor, wo bist du? ...«

Der Portier fragte nicht einmal, wie das schnurlose Telefon kaputtgegangen war. Nach zehn Minuten brachte er ein Tischtelefon und Carolin musste auf dem Bett sitzen bleiben, solange sie mit Maik sprach. Er hatte die neue Kreditkarte bereits bestellt. Dann hatten sie die Scheidung beschlossen. Sie war überrascht, wie schnell er zugestimmt hatte. Seit langem waren sie sich nicht mehr so einig gewesen.

Nach dem Gespräch trat sie auf den Balkon und sah dem Lichterfluss auf der Straße zu. Plötzlich wurde sie von einer Schwindel erregenden Lust erfasst, hinunterzuspringen. Sie ging zurück ins Zimmer und schloss die Balkontür ab. Dann öffnete sie die Minibar. Langsam, wie in einer Meditation, trank sie alles leer. Zuerst das Bier, dann den Wein und zum Schluss die harten Sachen. Als sie schlafen ging, hatte sie das Gefühl, gerade ihr eigenes Leben gerettet zu haben.

Schon nach dem ersten Klingelton war sie hellwach. Polizei. Sie verständigten sich mit englischen Brocken. »*Your bag is here. At police. All money and cards. You come for identification.*« Der Beamte sprach es auf Spanisch aus: *identificación*. Zum Glück hatte sie den Reisepass im Zimmersafe gelassen.

Sie gab die Nachricht an den Portier von Maiks Hotel weiter, frühstückte kurz und machte sich auf den Weg zum Polizeirevier.

»*Para identificación*«, sagte sie und hielt dem Beamten ihren Pass hin. Aber der schickte sie weiter zu einem Kollegen. Ein Dicker, dem ein Schnäuzer über dem Mund wucherte. Er bedeutete ihr zu folgen. Wie einem Hund. Sie lief hinter ihm her durch einen schmalen Gang, an dessen Ende er eine Stahltür öffnete. Kälte strömte ihnen entgegen. Die blaue Polizeiuniform stach schmerzhaft gegen das Weiß des Raumes ab. Über die Decke zog sich eine Neonröhre in derselben Ausrichtung wie der Tisch, auf dem ein Körper unter einem Leinentuch lag. Carolin schob sich an der rechten Kante entlang, bis sie das Gesicht der Frau sehen konnte. In den Mundwinkeln schien der Rest eines Lächelns gefangen. Als ob dieses Lächeln nie ganz ihr selbst gehört hätte, dachte Carolin und wunderte sich über diesen Gedanken.

Ja, sie kenne die Frau ...

Der Dicke führte Carolin in eine Schreibstube, wo ein schmächtiger Beamter hinter einer klobigen Schreibmaschine saß. Sein Schnurrbart war schmal wie eine Augenbraue. Er begrüßte Carolin in passablem Englisch und begann ein Verhör. Wann sie Frau Rosenbaum zum ersten Mal gesehen habe? Carolin fielen die Berichte von Touristen ein, die im Ausland unschuldig verurteilt, ja sogar mit dem Tode bestraft worden waren. Wahrscheinlich erblühten in ihrem Ausschnitt jetzt wieder rote Flecke. Jedenfalls starrte der Dicke darauf wie auf die allmähliche Entstehung einer Weltkarte. Nach einer Weile griff er neben sich und schwang eine große altmodische Handtasche auf seinen Schreibtisch. Er holte die Habseligkeiten der Verunglückten heraus und beklebte sie mit Etiketten. Das Telefon klingelte. Lautstark begrüßte der Dicke eine gewisse Marisela und machte es sich bequem. Wieder fixierte er Carolins Ausschnitt, als benötige er ihre Hautflecke, um

Marisela besser vor sein geistiges Auge zu bekommen, während der Kleine unterdessen aufnahm, wie sie auf die Plaza gekommen war, den Stand mit den Zeichnungen entdeckt hatte und so weiter.

Endlich wandte der Dicke seine Augen ab. Den Hörer am Ohr zog er eine Mappe heraus, klappte sie auf und blätterte sie mit der rechten Hand durch. Ein Blatt fiel zu Boden. Als er es aufhob, riss es ein. Es war nicht mit anzusehen.

Der Kleine übergab Carolin ihr Ledertäschchen. Nachdem sie den Erhalt bestätigt hatte, sagte er: »Weißt du, was passiert ist? *Malas ondas.* Erst hat die Alte dich beklaut. Dann hat sie ein schlechtes Gewissen bekommen, ist ganz nervös geworden, hat deshalb einen Moment nicht aufgepasst und ist vor das Auto gerannt. Bum.«

Der Dicke unterbrach sein Telefonat. »Hast du ihr schon gesagt, dass der Unfall um die Ecke von ihrem Hotel war?«

»Das spielt keine Rolle, Idiot. Jeder hat mal auf der Cabildo zu tun. Nein, das sind *malas ondas.* Wie heißt das auf Englisch?«

»*Bad vibrations?*«

»Na ja, genau. Gibt's so was nicht in Deutschland?«

»Klar doch, aber die heißen dort anders.« Der Dicke legte den Hörer aus der Hand, presste zwei Finger auf seinen Schnäuzer, streckte die rechte Hand nach vorn und brüllte: »*Hail.*«

Der Kleine kicherte. Zufrieden klappte der Dicke die Mappe zu.

»Was machen Sie eigentlich damit?«, fragte Carolin.

»Wolltest du die nicht gerade archivieren?«, fragte der Kleine seinen Kollegen. »Oder haben die einen Wert?«

Der andere hielt seinen Zeigefinger eine Handbreit vor den gespitzten Mund und ließ ihn dort wackeln, was so viel hieß wie: »Aber nein, ich bitte dich«.

Dann nahm er die Mappe und hielt sie Carolin hin. »*You want?*«

Sein Kollege hackte ein paar Wörter in seine Schreibmaschine, zog dann das lange Blatt aus der Walze und bat Carolin, es zu unterschreiben.

»Ohne es vorher zu lesen?«

»Dann wärst du die Einzige, die es überhaupt jemals lesen würde.«

Der Dicke lachte und gab den Witz an seine Marisela weiter.

Carolin unterschrieb und stand auf. Der Kleine hielt ihr die Mappe hin. »Die willst du doch nicht hier lassen.« Als Carolin zögerte, fügte er hinzu: »Sie gehört dir. Du hast gerade unterschrieben, dass du die Kunstblätter in Besitz nimmst, bis sich ein Erbe meldet.« Auf eine Visitenkarte schrieb er eine Nummer und steckte sie in die Mappe. »Falls du noch mal ein Problem hast, das ich vielleicht lösen kann.«

Als er sie zur Tür brachte, wollten sich seine Finger gar nicht mehr aus ihrer Armbeuge lösen. Draußen war heller Mittag. Blätterschatten bebten auf dem Asphalt. Ein schwarzer Kleintransporter fuhr in den Vorhof und zwei Beamte rollten die Bahre zur aufgeklappten Hecktür. »Was passiert mit ihr?«, fragte Carolin.

Wieder bekam sie eine Geste als Antwort. Es sah aus, als ob ein Stummer ihr zeige, dass er sich gleich übergeben müsse. Keine Ahnung, hieß das.

»Sie hatte keine Familie«, sagte der zweite Beamte ruhig.

Carolin zog das Tuch zurück. Sie sah in das Gesicht von Margareta Rosenbaum, als könne ihr die Tote erzählen, was geschehen war, nachdem sie das Täschchen gefunden hatte.

»Sie hätten das Geld ruhig behalten können«, sagte Carolin. »Maik hat es ohnehin abgeschrieben.«

»Fertig?«, fragte der zweite Beamte.

»*Sí, listo*«, antwortete Carolin, froh über seine ganz normale Freundlichkeit.

Im Hotelzimmer breitete sie die Zeichnungen auf dem Teppichboden aus. Obwohl der Mann und das Mädchen auf jedem Bild anders aussahen, erkannte Carolin, dass es immer dasselbe Paar war. Auch der Gesichtsausdruck des Mannes war immer gleich. Ruhig, die Augen beobachteten, der Mund lächelte immer ein wenig. Das Mädchen schien auf jedem Bild etwas anderes zu fühlen. Als sei der Mann selbst schon ein Bild. Als versuche das Mädchen immer wieder neu, sich an seine Abwesenheit zu gewöhnen.

Am liebsten hätte Carolin Maik angerufen und ihm alles erzählt. Aber er würde nur denken, es sei ein Trick, um ihn wiederzugewinnen. Es war zu früh.

Sie ging ins Bad und wusch sich das Gesicht. Das kalte Wasser lief auf den Wangen zu Tropfen zusammen, die langsam zum Kinn glitten und von dort ins Waschbecken fielen. Als sie sich abtrocknete, klingelte das Telefon. Sie setzte sich aufs Bett und sah dem Gerät beim Klingeln zu, bis es aufhörte. Solange sie in Buenos Aires waren, wollte sie Maik nicht mehr sprechen. Um ihm nicht zu begegnen, würde sie auch zu keiner Milonga mehr gehen. Aber in einer Woche würde sie den Flieger besteigen und sich auf den Platz setzen, der neben Maik für sie reserviert war. Vielleicht, wenn es Mitternacht war und sie sich über dem Atlantik befanden, zwischen Nord und Süd, zwischen Amerika und Europa, vielleicht würden sie dann, wenigstens einen Moment lang, den Nullpunkt zwischen sich spüren.

Balance

Der Zug fährt an, und ich denke wieder an das Kinderbuch, das ich mit zwölf gelesen habe. Es handelte von der Erfindung der Eisenbahn und davon, wie sich 1835 zwei Männer über die Frage stritten, ob man den Menschen einer ihm unnatürlichen Geschwindigkeit aussetzen dürfe. Sie fürchteten um das Gleichgewicht der Organe. Es ging um höchstens 40 Kilometer pro Stunde.

Wehrlos sehe ich zu, wie du immer kleiner wirst. Der Zug fährt bereits 120 km/h. Je größer die Entfernung wird, umso heftiger wünsche ich mir, umzukehren. Aber bisher ist noch nie eine Frau daran gestorben, dass ein Zug sie von einem Mann forttrug. Oder doch? Es würde mich nicht wundern. Die Geschwindigkeit sprengt die Balance, die wir hielten, das stete Austarieren unserer Körper, denen alles möglich ist. Außer eins: Stillstand. Selbst wenn wir im Bett nebeneinander liegen, kann eine augenblickliche Gemütsbewegung des einen den anderen zum Taumeln bringen. Während ich auf den Schlaf warte, ziehst du deinen Arm unter meinem Kopf hervor und drehst mir den Rücken zu. Sähe ich mich in diesem Augenblick nicht vor, fiele ich in den Brunnen meiner Kindheitsängste. Aber ich atme durch und strecke meinen Körper aus wie eine sich räkelnde Katze, die nachprüft, ob der Raum tatsächlich an keiner Stelle zu Ende ist. Ich richte mich auf, nur kurz, um die Friedlichkeit deines Schlafes zu betrachten. Es ist nicht schlimm, wenn du dich von mir entfernst. Nur so kannst du zurückkommen.

Dass wir zusammen im Bett liegen, dass dein Körper sich in meinen drängt, ist die einzige Konsequenz, die es gibt nach jeder durchtanzten Nacht. Wegen dieser Nächte nehmen wir all diese Zugfahrten auf uns, obwohl jeder von uns auch in seiner Stadt tanzen könnte. Auch andere Tänzer haben Arme, in denen sie mich halten, mit denen sie mich führen können, und Füße, die meine Schritte begleiten. Auch mit anderen Tänzern rede ich kaum, und es ist mir egal, ob sie Architekten, Zahnärzte, Lehrer oder Studenten sind. Selbst wenn sie arbeitslos wären oder aus der Psychiatrie entlassen, selbst wenn sie von Beruf Psychiater wären, es würde mich nicht interessieren. Das Einzige, was mich interessiert, ist, ob sie schön anzusehen sind und wie sie tanzen. Auch als ich dich zum ersten Mal sah, interessierte mich zuerst nur die Farbe deines Hemdes. Klassisches Weinrot. Es ist durch nichts zu erklären, weshalb wir schon in dem Moment, als wir uns zum ersten Mal ansahen, diese Balance gespürt haben. Wir ließen uns nicht mehr aus den Augen. Deine Blicke begleiteten meine Bewegungen, trugen mich durch den Raum, als hättest du mich bereits umarmt. Ich, die sich immer weigert, auf einen Mann zuzugehen, ging auf dich zu, nur bei dir war ich mir sicher, dass du es warst, der den ersten Schritt schon getan hatte.

Ich fragte: »Tanzen wir?«

Deine Hand legte sich auf meinen Rücken, ich lehnte mich in deine Umarmung. Du gingst leicht in die Knie, dein Gewicht so unmerklich verlagert, dass ich über die Richtung nicht einmal nachdachte, in die du mich schon geführt hattest. Aus dem Drängen meines Körpers und deinem Spaß daran, diesem Drängen immer neue Formen zu geben, entstand etwas Drittes, das uns durch den Abend trug.

Am nächsten Morgen fuhrst du zurück in deine Stadt.

Zwei Wochen später hast du angerufen, um mir die Sache mit der Katze zu erzählen. Du wolltest eine elektrische Leitung reparieren. Etwas, das du schon oft getan hast. Aber noch nie sei es vorgekommen, dass du die Phasen verwechselt hast. Als die Funken sprühten, hast du dich zu Tode erschrocken, aber die Katze auf dem Fensterbrett blieb sitzen. Ruhig beobachtete sie dich. Da wusstest du, dass du mich wiedersehen wolltest. So jedenfalls hast du es mir am Telefon erklärt und ich hörte dir staunend zu. Es war eine Antwort, die ich nicht gesucht hatte. Seit Tagen hatte ich das Gefühl, jemanden zu vermissen, ohne mich zu fragen, um wen es sich dabei handeln sollte.

Ich fuhr zum ersten Mal in deine Stadt. Wir gingen zum Tanzunterricht und die Blicke der anderen machten uns zu einem Paar. Der Lehrer zeigte uns einen schwierigen Schritt. Ich sah dich an und erst jetzt merkte ich, dass ich dich gar nicht kannte. Ich hielt mich an deinen Armen fest. Du versuchtest, die Länge deiner Schritte auf ein gleiches Maß zu bringen. Es gab nichts mehr, was gut war. Nur noch den Wunsch, es könne noch einmal so einfach werden, wie es begonnen hatte. Deine Wechsel zwischen komplizierten Schritten und rasanten Drehungen stimmten mich traurig. Meine Melancholie machte dich rasend. Wütend versuchten wir, uns über den Verlust des Glücks hinwegzutanzen, und es war uns egal, dass wir uns dabei auf die Füße traten.

Wir hätten uns sagen können: Hören wir auf damit. Behalten wir die erste Nacht in guter Erinnerung. Aber es gab etwas, das uns daran hinderte. Sobald wir uns verabschiedet hatten, verloren wir an Gewicht, oder hatten zumindest das Gefühl, nirgendwo mehr anstoßen zu können. Als hätten wir uns selbst aus der Hand gegeben, liefen wir durch die Straßen. Die Katzen auf den Fensterbrettern sahen uns nach. Wir mussten uns wiedersehen, kaum dass wir uns getrennt hatten, und wir mussten uns, kaum, dass wir uns sahen, voneinander entfernen. Einmal, als du zu mir gefahren warst, verbrachten wir ein ganzes Wochenende damit, uns in zwei verschiedenen Zimmern aufzuhalten. Nachts gingen wir aus. Wir schauten uns zu, wie wir mit anderen tanzten. Ich gestand dir, dass es mich eifersüchtig machte. Du sagtest mir, dass es dir gar nichts ausmache, mich in den Armen eines anderen zu sehen. Auch das war ein Geständnis.

Heute Morgen haben wir beschlossen, einen Ausflug zu machen. Wir saßen still, und das Auto fuhr. Zeitweise nahmst du sogar eine Hand vom Lenkrad.

Wir sprachen über die Berge.

Ich sagte: »Die Berge sind schön.«

»Ja«, entgegnetest du. »Es sind Endmoränen. Dritte Phase der glazialen Serie.«

Ich überlegte, was ich dir darauf antworten könnte. Wir näherten uns schon wieder dem Ende der Fahrt. Ich hätte dir verraten können, woran ich manchmal denke. Ich wünsche mir ein Kind von dir.

Aber ich wollte dich nicht erschrecken, in einem Moment, als du gerade 160 km/h fuhrst. Mit einem einzigen Finger am Lenkrad.

Du erklärtest mir die glazialen Phasen. Vorsichtig legte ich meine Hand auf dein Bein. Du griffst mit beiden Händen nach dem Steuer und hast weiter von der Eiszeit gesprochen. Dein Bein zuckte und ich nahm meine Hand wieder weg.

Ich denke nie über solche Dinge wie die Eiszeit nach. In Zeiten, wo ich das tun könnte, beschäftige ich mich damit zu zählen, wie oft du mich anschaust, wie oft du mich berührst. Ich hätte dich gern gefragt, ob du auch schon die bevorstehende Trennung spürst. Es waren nur noch Minuten, die uns bis zum Abschied blieben. Du sprachst noch immer vom glazialen Eis, das über Jahrmillionen Felsbrocken über die Erde schob.

Ich hatte das Gefühl, auf diesem Eis in die Tiefe zu rutschen. Es gab nur eine Methode, das Gleichgewicht wiederzuerlangen. Einfach nicht an das denken, was gerade geschah. Einfach nicht an den Abschied denken, dachte ich, als wir auf dem Bahnsteig standen und ich stieg in den Zug. Ich setzte mir die Kopfhörer auf und wiederholte in Gedanken die Schritte, die wir im letzten Kurs miteinander gelernt hatten. Dabei fiel mir ein, dass man an jeder Stelle des Saales immer wieder von neuem ankommt, solange man nicht aufhört zu tanzen. Und ich dachte, dass sich für uns die Zeit im Kreis dreht, bis sie wieder dort ankommt, wo wir schon einmal waren.

Der Zug hält. Ich steige aus. Ich kann schon wieder ohne dich stehen, schon wieder ohne dich laufen. Es ist gar nicht so schwer.

Mein Zuhause sind zwei große Zimmer ohne dich. Ich verkrieche mich in den Schlaf. Mitten in der Nacht weckt mich der Regen am Fenster. Aus dem Nachbarhaus ist eine Frau zu hören. Es klingt, als würde sie ihren Orgasmus beklagen. Etwas später höre ich leise Klaviermusik. Ich wünschte, sie würde von schlaflosen Händen gespielt und nicht von einer Maschine, Einstellung *repeat*.

Ich habe geträumt, dass ich schreien wollte. Aber ich konnte nicht schreien. Ich konnte mich auch nicht bewegen. Und auch nicht atmen. Wäre ich nicht aufgewacht, wäre ich erstickt. Der Regen klopft weiter ans Glas. Ich wünschte, du wärst hier. Manchmal, wenn du bei mir bist, ziehst du mich im Schlaf an dich, so fest, als könnte ich dir im Schlaf entfliehen. Dann wache ich auf. Vor Glück.

Inhaltsverzeichnis